많은 학부모들이 선택한
독해력 향상의 길잡이

공습국어 독해력은 2008년 첫 선을 보인 이래로 많은 학부모와 학생들로부터 남다른 관심과 사랑을 받고 있습니다. 공습국어 독해력이 이렇게 짧은 시간 안에 초등 독해력 학습을 대표하는 교재로서 자리를 잡을 수 있었던 것은 아이들이 부담 없이 재미있게 공부할 수 있도록 놀이와 학습 요소를 적절히 배치하여 독해력 향상을 위해 꼭 알아야 할 필수 학습 내용을 쉽게 익힐 수 있도록 구성했기 때문입니다.

그런데 단계별로 교재의 수가 적어 서너 달이 지나면 더 이상 단계에 맞는 독해력 학습을 지속할 수 없는 문제가 있었습니다. 그렇다고 다음 단계로 넘어가는 것도 학년 수준에 맞지 않아 몇 달 동안 이어온 학습 흐름이 끊어질 수밖에 없었습니다.

이번에 추가로 독해력 교재를 출간하게 된 것은 각 단계에 맞는 독해력 학습을 적어도 1년 정도는 꾸준히 진행할 수 있게 하기 위해서입니다. 이렇게 함으로써 다음 단계를 학습할 때까지의 기간을 최소화하거나 바로 다음 단계로 넘어가더라도 큰 어려움 없이 적응할 수 있을 것입니다.

그리고 새로 나온 독해력 교재는 1~3권과는 다른 문제 유형으로 코너를 구성하였습니다. 이는 같은 유형을 반복함으로써 오는 지루함을 없애고 문제 풀이 방법이 관성화되는 것을 막기 위해서입니다. 또한 기존 독해력 교재에서 다루지 않았던 유형을 다룸으로써 글을 읽고 분석하는 능력을 좀 더 심화시키기 위해서입니다.

새로 출간한 공습국어 독해력은 그간 독해력 교재를 이용해 온 학부모와 학생들의 의견을 반영한 산물입니다. 물론 새로운 교재 구성이나 내용을 모든 학부모와 학생이 만족스러워 할 것이라고 생각하지는 않습니다.
스쿨라움은 교재에 대한 질책과 격려 모두를 소중히 받아 안을 것입니다. 항상 열린 자세로 최대한 교재를 효과적으로 이용할 수 있도록 도와드릴 것이며 아울러 더 좋은 교재로 다가가기 위해 노력하겠습니다.

감사합니다.

"

공습국어 초등독해는 다양한 갈래의
글감 읽기를 통해 정독 습관을 길러주는
독해력 훈련 프로그램으로, 글의 구조와 내용을
파악하는 효과적인 절차와 방법을 습득함으로써
잘못된 읽기 습관을 바로 잡고 독해에 대한
자신감을 심어줍니다.

"

공습국어 초등독해
학습 전략

기본과 심화의 연속된 독해 학습 과정

공습국어 초등독해는 전 과정이 학년에 따라 나누어져 있습니다. 크게 1·2학년, 3·4학년, 5·6학년
3개의 과정으로 이루어져 있습니다. 그리고 각 과정별로 기본 Ⅰ·Ⅱ·Ⅲ, 심화 Ⅰ·Ⅱ·Ⅲ 단계로 구성되어
있습니다.

과정	단계	
1 · 2학년	기본	Ⅰ, Ⅱ, Ⅲ 단계
	심화	Ⅰ, Ⅱ, Ⅲ 단계
3 · 4학년	기본	Ⅰ, Ⅱ, Ⅲ 단계
	심화	Ⅰ, Ⅱ, Ⅲ 단계
5 · 6학년	기본	Ⅰ, Ⅱ, Ⅲ 단계
	심화	Ⅰ, Ⅱ, Ⅲ 단계

기본 단계와 심화 단계는 서로 다른 구성과 학습 목표를 가지고 있습니다. 기본 단계는 낱말이 가지고
있는 기본적인 의미와 다른 낱말과 관계를 파악하는 단계입니다. 심화 단계는 유추와 연상 활동을
통해 낱말이 가지는 다양한 의미를 알고 정확하게 낱말을 읽고 쓰는 단계입니다.

기본 단계와 심화 단계는 서로 동떨어져 있는 것이 아니라 연속된 훈련 단계입니다. 따라서 공습국어
초등독해를 처음 시작하는 경우는 기본 단계부터 순서대로 학습하는 것이 학습 효과를 극대화할 수
있습니다.

물론 공습국어 초등독해 기본 단계로 학습한 경험이 있다면 각 과정의 심화 단계를 공부해도
괜찮습니다. 하지만 1·2학년 과정에서 기본 단계를 학습하고 현재 3학년이나 4학년이 되었다면 3·4학년
과정의 심화 단계보다는 3·4학년 과정의 기본 단계부터 시작하거나, 1·2학년 과정의 심화 단계를 한
다음 3·4학년 과정의 기본 단계로 넘어가는 것이 좋습니다.

글밥지도를 통해 글의 짜임과
내용을 한눈에 파악한다!

공습국어
독해력의 특징

하나 마인드맵을 이용한 독해력 훈련

공습국어 독해력은 효과적인 학습 방법으로 주목을 받고 있는 마인드맵을 이용하여 글감의 짜임과 내용을 분석하고 정리하는 방법을 제시하고 있습니다. 글감의 중심 생각이나 소재를 가운데에 놓고 이로부터 생각의 가지를 뻗어나가면서 세부 주제와 관련된 내용을 정리하다 보면 어느새 글감의 전체 구조와 내용을 한눈에 파악할 수 있을 것입니다.

둘 국어 평가 방향에 맞춘 갈래별 문제 구성

글의 갈래는 크게 정서를 표현하는 글, 설득하는 글, 정보를 전달하는 글로 구분할 수 있습니다. 글은 갈래별로 표현하는 방식이나 목적이 다르기 때문에 글을 읽을 때 갈래별 특성에 맞게 읽어야 합니다. 초등 국어 교육 과정에서도 갈래별 특성에 맞는 글 읽기를 위해 글감의 갈래에 따른 평가 방향을 정하여 놓고 있는데, 공습국어 독해력은 이러한 평가 방향에 맞추어 갈래별로 문제를 구성하였습니다.

셋 사실적 이해와 비판적 이해를 위한 전략 제시

사실적 이해와 비판적 이해는 글감의 내용을 입체적으로 파악하기 위해 거쳐야 할 필수 과정입니다. 따라서 공습국어 독해력에서는 '글밥지도 그리기' 꼭지를 통해 글감의 사실적 이해를 다루었으며, '끄덕끄덕 공감하기'와 '요목조목 따져보기'를 통해 비판적, 추론적 이해를 다루었습니다. 사실적 이해 단계는 각 문단별 중심 내용과 글의 짜임, 그리고 글 전체를 간추리며 글의 중심 생각을 파악하는 것이라고 한다면, 비판적 이해 단계는 글쓴이의 의도를 이해하고 내용의 적절성에 대한 주관적, 객관적 판단을 하는 것이라고 볼 수 있습니다.

넷 재미있고 다양한 생활 밀착형 글감 구성

공습국어 독해력은 설명하는 글이나 설득하는 글과 같이 독해를 위한 기본 글감 이외에도 일상생활에서 자주 보게 되는 광고문이나 기사문, 아이들이 직접 쓰는 일기, 보고문, 기록문, 감상문 등 여러 형식의 글감을 다양하게 싣고 있습니다. 이렇게 친숙한 소재와 형식의 글들은 독해에 대한 부담을 줄이고 재미있게 글을 읽을 수 있도록 도와줍니다.

마인드맵과 독해력

마인드맵은 영국의 언론인이자 교육심리학자인 토니 부잔(Tony Buzan)이라는 사람이 고안해낸 두뇌 계발 및 생각 정리의 기법입니다. 토니 부잔은 대학 시절 자신이 연구해야 할 분량이 점점 많아지자 이를 효과적으로 정리하고 기억할 수 있는 방법이 없는지 고민을 하게 됩니다. 이 당시 그가 방법을 찾기 위해 스스로에게 던진 질문을 보면 마인드맵이 어떤 유용한 역할을 수행할 수 있는지를 엿볼 수 있는데 몇 가지 질문의 예를 들자면 다음과 같은 것이 있었습니다.

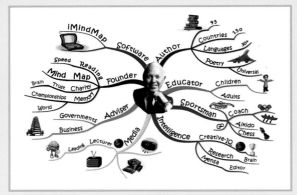

- 어떻게 배울 것인가?
- 사고의 본질은 무엇인가?
- 기억에 가장 도움이 되는 학습 기법은 무엇인가?
- 독서에 가장 도움이 되는 방법은 무엇인가?
- 창조적 사고에 가장 효과적인 학습 방법은 무엇인가?

▲ 토니 부잔의 마인드맵 이미지

토니 부잔이 스스로에게 던진 질문 가운데 '독서에 가장 도움이 되는 방법은 무엇인가?'라는 것이 있습니다. 이는 책을 읽고 책의 내용을 정리하는 방법으로서 마인드맵의 역할을 이미 고려하고 있었다는 것을 알 수 있습니다. 실제로 그의 바람대로 마인드맵은 책의 내용을 분석하고 정리하는 데 가장 효과적인 수단이 되고 있습니다.

마인드맵은 학습 방법으로도 그 효과가 매우 뛰어나 실제로 많은 학생들이 공부한 내용을 정리하는데 적극적으로 활용하고 있습니다. 〈공부 9단 오기 10단〉의 저자로 잘 알려진 박원희나 미스코리아 출신으로 하버드에 합격한 금나나 등 공부 잘하는 사람들의 공부 방법을 들여다보면 마인드맵을 비중 있게 활용하고 있음을 쉽게 확인할 수 있습니다.

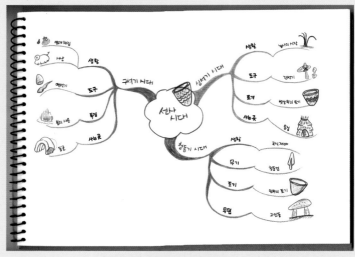

▲ 마인드맵으로 국사를 정리한 노트

마인드맵(Mind map)은 주제와 관련된 세부 내용들을 여러 갈래로 가지를 그려나가며 체계적으로 정리하는 것으로 학습 방법으로도 그 효과가 매우 뛰어나 실제로 많은 학생들이 공부한 내용을 정리하는데 적극적으로 활용하고 있습니다.

마인드맵을 그리는 방법은 토니 부잔의 마인드맵 이미지를 보면 알 수 있듯이 매우 간단합니다. 중심이 되는 주제나 생각을 가운데에 놓고 중심 생각과 관련 있는 주제들을 나뭇가지처럼 배열하면 됩니다. 만약 주제와 연관된 하위 주제나 생각이 있다면 상위 주제에 새로운 가지를 연결하여 내용을 적어주면 되는데 과장해서 표현하자면 생각의 가지는 새로운 주제나 내용이 있는 한 무한대로 연결할 수 있을 것입니다.

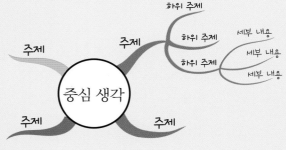
▲ 마인드맵을 그리는 기본적인 방법

그리고 마인드맵을 그릴 때 주제나 세부 내용과 관계된 도식이나 이미지를 첨부한다면 좀 더 풍부하고 재미있게 마인드맵을 꾸밀 수 있고 나중에 내용을 파악하는데도 많은 도움이 됩니다.

마인드맵의 가장 큰 장점은 세부적인 내용을 효과적으로 정리할 수 있는 것도 있지만 무엇보다도 전체적인 줄기를 파악할 수 있다는 것과 많은 내용 중 핵심적인 내용만 축약하여 한눈에 볼 수 있다는 것입니다.

이와 같은 장점은 앞에서도 언급했듯이 책의 내용을 분석하고 정리하는 데 매우 효과적입니다. 책에는 전달하고자 하는 주제가 있고, 이야기나 사건이 있으며, 그런 이야기나 사건을 구성하는 인물이나 배경, 그리고 다양한 정보들이 글의 구조와 인과 관계에 따라 촘촘히 배치되어 있습니다. 이렇게 많은 내용들을 종이 한 장에 정리해야 한다고 할 때 무엇을 어떻게 시작해야 할지 막막할 것입니다. 그러나 마인드맵을 그릴 수 있다면 짧은 시간 안에 핵심적인 내용들을 어렵지 않게 정리할 수 있습니다. 아래의 그림은 흥부와 놀부 이야기를 간단하게 마인드맵으로 정리해 본 것입니다. 글의 갈래마다 글의 내용을 파악하기 위한 기본적인 주제들이 있으므로 어떻게 주제를 잡아야 할지 모르겠다면 기본 주제들을 가지고 가지로 연결하면 누구나 쉽게 마인드맵을 그릴 수 있습니다.

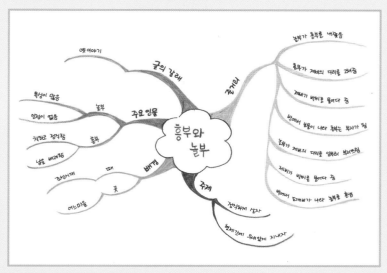
▲ 간단한 독서 마인드맵의 예

공습국어 독해력은 마인드맵을 통한 독해 훈련 워크북이라고 불릴 수 있을 만큼 글감의 짜임과 내용을 파악하는 방법으로 마인드맵을 적극적으로 활용하고 있습니다. 이 교재를 마칠 때쯤이면 어떤 책을 보던지 빈 종이에 책의 내용을 마인드맵으로 쉽고 정확하게 정리해 낼 수 있을 것입니다.

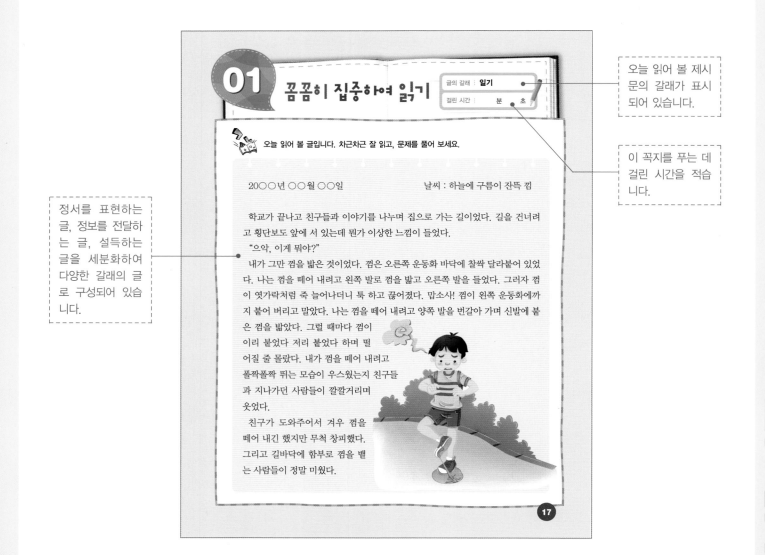

교재 구성 한눈에 보기

제시문

'꼼꼼히 집중하여 읽기'의 가장 첫 번째 활동은 바로 오늘 읽어야 할 글을 읽는 것입니다. 제시문은 이야기 글, 전래 동요, 극본 등 정서를 표현하는 글과 설명하는 글, 광고하는 글 등의 정보를 전달하는 글, 주장하는 글, 부탁(제안)하는 글 등의 설득하는 글로 이루어져 있으며 소재 및 주제 또한 다양하게 구성되어 있습니다.

오늘 읽어 볼 제시문의 갈래가 표시되어 있습니다.

이 꼭지를 푸는 데 걸린 시간을 적습니다.

정서를 표현하는 글, 정보를 전달하는 글, 설득하는 글을 세분화하여 다양한 갈래의 글로 구성되어 있습니다.

공습국어 독해력은 모두 30회 과정으로 구성되어 있습니다. 꼼꼼히 집중하여 읽는 각 회별로 다양한 갈래 폭넓은 주제를 다룬 제시문과 앞에서 읽은 글의 내용을 마인드맵으로 그리며 정리하는 '글밥지도 그리기', 사실적 이해력과 비판적 이해력, 그리고 추론 능력을 향상시킬 수 있는 '끄덕끄덕 공감하기', '요목조목 따져보기'로 구성되어 있습니다.

글밥지도 그리기

앞에서 읽은 글의 내용 및 구조를 마인드맵으로 그려 보는 꼭지입니다. 핵심적인 단어와 문장을 정리해 본 다음, 글의 짜임, 문단, 순서, 구성을 살펴보고 글과 어울리는 제목을 찾아볼 수 있도록 구성되어 있습니다.

주제 찾기
글의 중심 소재나 주제, 인물 등을 보기에서 찾아봅니다. 주제 상자에는 주제를 찾는 데 힌트가 되는 이미지가 삽입되어 있어 보다 쉽게 문제를 해결할 수 있습니다.

글밥지도 채우기
글의 내용 중 핵심적인 단어나 문장을 보기에서 찾아봅니다.

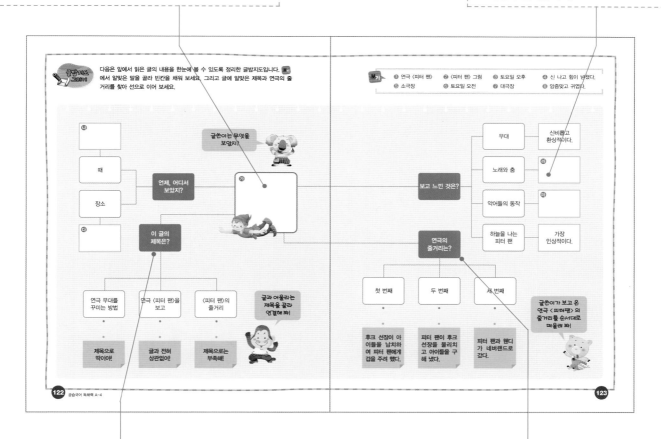

제목 찾기
글에 가장 알맞은 어울리는 제목을 찾아 선으로 연결해 봅니다. 글의 제목은 글쓴이의 중심 생각이 들어 있는 핵심적인 내용이므로 글과 제목 후보와의 관계에 대해 고민하는 사이에 사고력과 글의 핵심을 찾아내는 감각을 동시에 기를 수 있습니다.

구성 파악하기
글의 짜임과 구성, 사건의 순서, 문단과 문단의 관계 및 문단의 내용을 정리해 선으로 연결해 봅니다. 이 과정을 통해 글의 흐름이나 구성을 한눈에 파악할 수 있습니다.

끄덕끄덕 공감하기, 요목조목 따져보기

제시문을 읽고 글밥지도를 그리며 파악한 글의 내용과 주제에 대해 다시 한번 생각하고 정리해 봅니다. 제시문의 갈래가 정서를 표현하는 글일 경우에는 '끄덕끄덕 공감하기', 논리적인 글일 경우에는 '요목조목 따져보기' 꼭지를 활동해 봅니다.

'끄덕끄덕 공감하기' 꼭지의 첫 번째 문항에서는 등장인물의 생각이나 느낌을 정리하거나, 그것에 대한 나의 의견이나 비슷한 경험에 대해 짧게 적습니다. 등장인물에 대해 공감하고, 이해한 다음 이것을 바탕 나의 생각 및 태도와 연결 지어 보며 공감적 이해력 및 창의력을 기를 수 있습니다.

끄덕끄덕 공감하기와 요목조목 따져보기 꼭지의 두 번째 문항은 모두 글을 읽고 바른 의견 또는 바르지 못한 의견을 낸 친구를 찾아내는 사지선다형 활동입니다. 이를 통해 앞서 읽은 글의 내용을 정리하며 비판적 이해력과 추론적 이해력을 향상시킬 수 있습니다.

'요목조목 따져보기' 꼭지의 첫 번째 문항에서는 앞에서 읽은 글의 구조와 내용을 확인하거나, 글쓴이의 주장과 근거를 따져 봅니다. 이를 통해 사실적 이해력을 넘어 비판적 사고력을 기를 수 있습니다.

공습국어 독해력의 지문 구성 및 읽기 전략

공습국어 독해력의 특징은 갈래별 글읽기입니다.
각 회에 수록된 제시문은 크게 정서를 표현하는 글과
논리적인 글로 나누어볼 수 있습니다.
공습국어 독해력 지문 구성과 이에 따른
갈래별 읽기 전략은 다음과 같습니다.

 공습국어 독해력 지문 구성

공습국어 독해력 지문은 크게 정서를 표현하는 글과 논리적인 글로 나뉘어 골고루 수록되어 있습니다. A단계의 경우 두 갈래의 비중이 같고, C단계의 경우 논리적인 글의 수가 더 많습니다.

정서를 표현하는 글				
이야기 글	일기 · 편지	감상문	기행문	동요 · 동시 · 시조

논리적인 글				
설득하는 글		정보를 전달하는 글		
주장(설득)하는 글	부탁(제안)하는 글	설명하는 글	보고하는 글	광고하는 글

 갈래별 읽기 전략

공습국어 독해력에서는 초등교육과정을 바탕으로 다음과 같이 갈래별 읽기 전략을 제시하고 활동을 구성하였습니다.

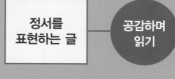

정서를 표현하는 글 → **공감하며 읽기**
- 등장인물의 대사와 행동을 통해 성격 알아보기
- 이야기의 흐름과 순서 알아보기   • 이야기의 원인과 결과 알아보기
- 등장인물의 마음이나 생각 짐작하여 내 생각과 비교하기
- 이어질 내용이나 새로운 내용 꾸며 쓰기

설득하는 글 → **비판하며 읽기**
- 글쓴이의 의견이나 주장 파악하기
- 주장에 따른 근거가 적절한지 판단하기
- 글쓴이의 생각과 내 생각 비교하기

정보를 전달하는 글 → **확인하며 읽기**
- 이미 알고 있었던 내용과 새로 알게 된 내용 구별하기
- 글을 통해 알게 된 정보 정리하기
- 새로 알게 된 내용 활용하기

글밥지도 그리기는 이렇게 풀어요!

❶ 글밥지도를 그리기 전, 지시문을 꼼꼼하게 살펴보세요. 빈칸을 채워넣는 활동은 매회 반복되지만 제목과 글의 구조, 글의 흐름을 파악하는 활동은 회마다 조금씩 차이가 있기 때문에 지시문을 잘 살펴 보아야 합니다.

❷ 지시문을 이해한 다음엔 글밥지도의 중심이 될 단어를 찾습니다. 주제 상자 옆이나 위에 놓인 지시문을 잘 읽고 정답을 보기에서 찾아 써 봅니다. 이야기의 등장인물, 글의 중심 소재 및 주제, 시의 화자나 지은이가 주로 글밥지도의 중심에 놓이게 됩니다. 이때 주제 상자에 그려진 이미지가 정답의 힌트가 되니 참고하세요.

❹ 글밥지도의 모든 빈칸을 채웠다면, 다음으로 글에 어울리는 제목을 찾아 선으로 연결해 봅니다.

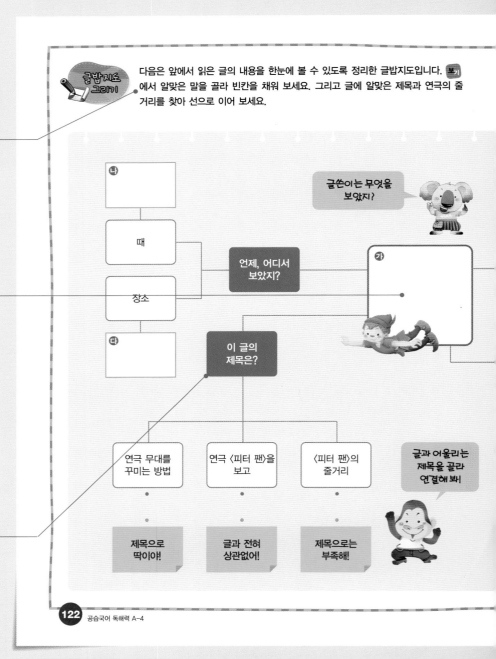

다음은 앞에서 읽은 글의 내용을 한눈에 볼 수 있도록 정리한 글밥지도입니다. 보기에서 알맞은 말을 골라 빈칸을 채워 보세요. 그리고 글에 알맞은 제목과 연극의 줄거리를 찾아 선으로 이어 보세요.

글손이는 무엇을 보았지?

언제, 어디서 보았지?

이 글의 제목은?

연극 무대를 꾸미는 방법

연극 〈피터 팬〉을 보고

〈피터 팬〉의 줄거리

글과 어울리는 제목을 골라 연결해 봐!

제목으로 딱이야!

글과 전혀 상관없어!

제목으로는 부족해!

'글밥지도 그리기'는 오늘 읽은 제시문을 마인드맵 형식의 글밥지도로 표현해 보는 활동입니다. 가장 핵심적이었던 단어, 인물을 주제로 삼아 마인드맵의 형식으로 글의 내용을 체계적으로 정리해 본 다음, 글의 제목과 짜임에 대해 생각해 봅니다. 글밥지도에는 제시문에서 다루어진 중요한 내용을 확인하는 4~8개의 빈칸과 제목 찾기, 문단 내용 찾기 등 1~2가지의 선 긋기 활동이 있습니다.

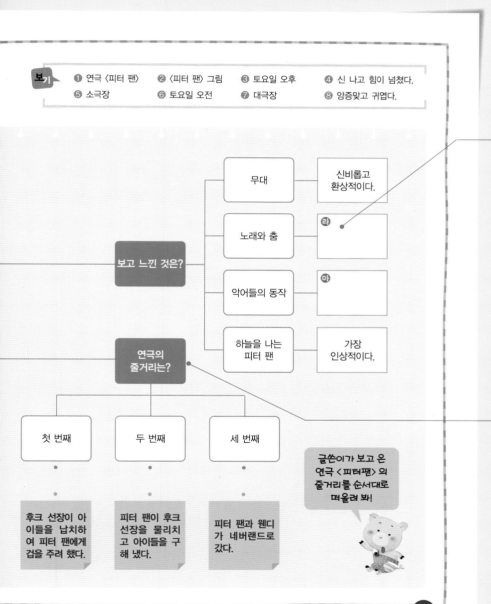

보기
❶ 연극 〈피터 팬〉 ❷ 〈피터 팬〉 그림 ❸ 토요일 오후 ❹ 신 나고 힘이 넘쳤다.
❺ 소극장 ❻ 토요일 오전 ❼ 대극장 ❽ 앙증맞고 귀엽다.

무대 — 신비롭고 환상적이다.
노래와 춤 — 라
보고 느낀 것은?
악어들의 동작 — 마
하늘을 나는 피터 팬 — 가장 인상적이다.

연극의 줄거리는?
첫 번째 · 후크 선장이 아이들을 납치하여 피터 팬에게 겁을 주려 했다.
두 번째 · 피터 팬이 후크 선장을 물리치고 아이들을 구해 냈다.
세 번째 · 피터 팬과 웬디가 네버랜드로 갔다.

글쓴이가 보고 온 연극 〈피터팬〉의 줄거리를 순서대로 떠올려 봐!

123

❸ 글밥지도의 중심 단어를 찾았다면, 다음으로 글의 주요 내용들을 살펴봅니다. 글의 내용을 정리한 글밥지도의 가지에 놓인 ㉯~㉺의 빈칸을 보기에서 알맞은 단어를 골라 채웁니다. 이때 반드시 ㉯~㉺의 순서대로 빈칸을 채워야 하며, 될 수 있으면 번호와 단어 또는 문장을 모두 적는 것이 좋습니다. 정답 상자의 공간이 부족하다면 번호만 적도록 합니다. 빈칸에 들어갈 말이 헷갈릴 경우에는 같은 가지에 놓인 다른 단어나 문장을 참고하면 보다 쉽게 해결할 수 있습니다.

❺ 글의 흐름이나, 구성, 글의 짜임을 확인하여 선으로 연결해 봅니다.
문학적인 글에서는 사건의 순서와 발단 – 전개 – (위기) – 절정 – 결말의 이야기의 구성을 주로 살펴보고, 논리적인 글에서는 처음 – 가운데 – 끝의 글의 구조나 문단의 내용을 주로 따져봅니다. 필요하다면 제시문을 다시 한번 읽어보며 풀이해도 좋습니다.

끄덕끄덕 공감하기, 요목조목 따져보기는 이렇게 풀어요!

끄덕끄덕 공감하기 활동 보기

1 글쓴이는 친구들과 이야기를 나누며 집으로 가다가 껌을 밟았습니다. 이 글에서 글쓴이의 마음이 어떻게 변하고 있는지 보기에서 골라 답해 보세요.

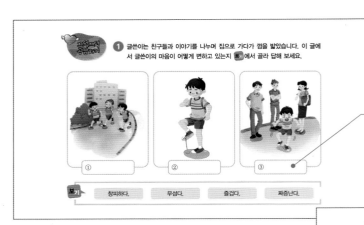

> 등장인물 (또는 글쓴이)의 마음이나 느낌을 파악하는 활동입니다. 보기에서 알맞은 단어를 골라 쓰거나, 체크박스에 ∨표 합니다.

1 앞의 글은 줄넘기하는 모습을 재미있게 표현한 전래 동요입니다. 보기에서 알맞은 말을 골라 새로운 노랫말을 지어 보세요.

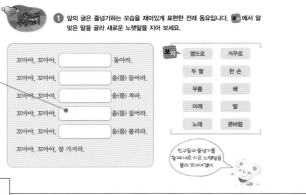

> 제시문에서 살펴본 전래 동요와 동시 등을 새롭게 창작해 봅니다. 보기를 이용한 활동이지만 정답이 없으므로 어린이 스스로 다양한 표현을 사용해 보는 것도 좋습니다.

1 글쓴이는 처음으로 혼자 실내화를 빨고 마음이 뿌듯했다고 했습니다. 친구들도 다른 사람의 도움을 받지 않고 스스로 무엇인가를 하고 뿌듯했던 경험이 있나요? 말풍선 안에 써 보세요.

> 등장인물 (또는 글쓴이)의 생각과 느낌, 경험을 알아보고, 자신의 생각과 경험을 간단히 써 봅니다.

정서를 표현하는 글에 해당하는 제시문을 읽은 다음에는 '끄덕끄덕 공감하기' 꼭지를, 논리적인 글에 해당하는 제시문을 읽은 다음에는 '요목조목 따져보기' 꼭지를 공부합니다. 앞의 두 꼭지는 각각 2가지 활동으로 구성되어 있습니다. '끄덕끄덕 공감하기'의 경우 등장인물들의 성격이나 느낌 파악하기, 등장인물의 입장이 되어 생각해 보기, 새롭게 창작하기 등의 활동이 주를 이루며, '요목조목 따져보기'의 경우 글의 구조 정리하기, 요약하기, 글쓴이의 주장과 근거 따져보기, 글을 통해 알게 된 정보 활용하기 등의 활동으로 구성되어 있습니다.

요목조목 따져보기 활동 보기

주장하는 글을 읽은 후, 글쓴이가 제기한 문제 상황과 주장 그리고 알맞은 근거를 정리해 보는 활동입니다. 주장을 뒷받침하는 또는 뒷받침하지 못하는 근거를 찾아 체크박스에 ○표 또는 ∨표를 합니다.

1 글쓴이는 자신의 주장을 뒷받침하기 위해 어떤 까닭을 들었나요? 알맞은 까닭을 찾아 ○표 해 보세요.

문제 상황	일회용품을 아무 생각 없이 사용하고 있다.
주장	일회용품 사용을 줄이자.
까닭	① 일회용품은 편리하다.
	② 일회용품 때문에 자원이 낭비된다.
	③ 일회용품 사용은 환경을 오염시킨다.

글쓴이가 일회용품을 사용하지 말자고 한 까닭은 무엇무엇이지?

1 다음은 글쓴이가 거미 박물관을 다녀와서 새롭게 알게 된 것을 정리한 것입니다. 잘못 정리한 것을 찾아 ∨표 해 보세요.

새롭게 알게 된 것
① 거미의 엉덩이를 건드리면 거미가 앞으로 움직인다.
② 거미줄은 가늘고 질기다.
③ 거미 한 마리가 1년 동안 약 30만 마리의 해충을 잡아먹는다.
④ 거미줄로 수술용 실이나 방탄조끼를 만든다.
⑤ 모든 거미가 독을 가지고 있다.

글쓴이가 거미 박물관에서 보고 들은 것들이 섞여 있어. 그 중 잘못된 것을 찾아봐.

설명하는 글이나 소개하는 글을 읽은 다음 글에 담긴 정보를 확인합니다. 글에서 다루고 있는 정보들을 정리하고 자신이 알고 있었던 정보와 몰랐던 정보를 정리할 수 있습니다. 지시문에 따라 ○표 또는 ∨표 합니다.

공통 활동 보기

제시문을 바르게 이해한 사람 또는 바르지 않게 이해한 사람을 고르는 활동입니다. 사실적 이해력, 비판적 이해력을 측정할 수 있으며 보기를 읽어 본 후 지시문에 따라 정답 번호를 적습니다.

2 다음은 앞의 글을 읽은 친구들의 대화입니다. 가장 바르지 못한 의견을 내고 있는 친구는 누구인가요?

① 나중에 이 일기를 읽어 보면 오늘 있었던 일과 느낌이 생생하게 기억날 거야.

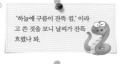
② '하늘에 구름이 잔뜩 껌.'이라고 쓴 것을 보니 날씨가 잔뜩 흐렸나 봐.

③ 다른 사람이 일기를 읽을 수도 있으니까 높임말로 써야 해.

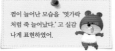
④ 껌이 늘어난 모습을 '엿가락처럼 죽 늘어났다.'고 실감 나게 표현하였어.

꾸준함이 독해력을 키우는
가장 좋은 방법입니다!

공습국어
독해력의 활용

 하나 **처음 일주일 정도는 아이와 함께 하세요**

공습국어 독해력의 코너 구성과 문제 유형을 아이가 이해할 수 있도록 일주일 정도는 아이와 함께 문제를 풀어보세요. 각각의 문제 유형을 설명해주고, 채점을 통해 아이에게 미진한 부분이 있으면 다시 설명해주면서 아이가 혼자서도 충분히 문제를 해결할 수 있도록 도와주세요.

 둘 **꾸준히 학습할 수 있는 환경을 만들어주세요**

매일 1회분씩 학습 진도를 나가는 것이 가장 이상적이긴 하지만 현실적으로 불가능한 경우가 많습니다. 따라서 매일이 아니더라도 꾸준히 교재를 볼 수 있도록 학습 스케줄을 잡아 주세요. 이때 부모님이 일방적으로 결정하지 마시고 아이와 충분히 상의하여 가능한 아이의 의견이 반영되도록 해주세요. 그래야만이 학습 과정에 대한 아이의 주체적 참여를 유도할 수 있습니다.

 셋 **1권부터 순서대로 학습할 수 있도록 해 주세요**

새 공습국어 독해력은 각 단계별 4~6권에 해당합니다. 그리고 문제 유형이나 내용이 1~3권에 비해 다소 복잡하거나 어렵습니다. 따라서 독해력 학습을 처음 시작하는 경우라면 1권부터 순서대로 교재를 보는 것이 좋습니다. 물론 이전에 독해력 교재를 보았거나 국어 실력이 상위권이라면 4권부터 시작해도 괜찮습니다.

 넷 **문제 풀이에 걸리는 적정한 시간은 10분 내외입니다**

공습국어 독해력 1회분에 해당하는 문제를 푸는 데 걸리는 시간은 대략 10분 정도면 충분합니다. 하지만 교재의 문제 유형이 익숙하지 않은 초반에는 이보다 시간이 더 걸릴 수도 있습니다. 따라서 일정 기간 동안은 문제 풀이 시간에 구애 받지 않고 아이가 편하게 문제를 풀면서 교재에 적응할 수 있도록 배려해 주세요.

차례
Contents

공습
국어

독해력

" 공습국어를 시작하며

이제 본격적인 독해력 공부를 시작하게 돼요.
크게 숨을 한 번 내쉬면서 마음을 가다듬어 보세요.
책을 끝까지 볼 수 있을까? 문제가 어렵지는 않을까? 하는 걱정이
들기도 하겠지만 막상 시작해보면 괜한 걱정이었다 싶을 거예요.
한 번에 밥을 많이 먹으면 탈이 날 수 있는 것처럼
하루에 1회씩만 꾸준히 풀어 보세요.
그러다 보면 어느새 독해력이 무럭무럭 자라나
있는 걸 볼 수 있을 거예요.
자 그럼 이제 출발해 볼까요?

"

01 꼼꼼히 집중하여 읽기

 오늘 읽어 볼 글입니다. 차근차근 잘 읽고, 문제를 풀어 보세요.

20○○년 ○○월 ○○일 　　　　　　　　　날씨 : 먹구름이 자주 해를 가림

　텔레비전을 보고 있는데 엄마께서 나에게 흰 머리카락을 뽑아 달라고 하셨다. 흰 머리카락 한 올을 뽑을 때마다 오십 원씩 주신다고 하셨다. 나는 신이 나서 얼른 족집게를 들고 왔다.

　나는 용돈을 받아 과자를 사 먹고 싶은 생각에 열심히 흰 머리카락을 뽑았다. 예전에는 몰랐는데 엄마의 머리를 자세히 보니 흰 머리카락이 눈에 많이 띄었다. 무려 스무 개나 뽑아서 천 원을 받았다.

　엄마께 흰 머리카락이 왜 이렇게 많은지 여쭈어 보았다. 그러자 엄마는 살짝 웃으시며 말씀하셨다.

　"민희가 엄마 말을 안 듣고 속을 썩여서 그렇지."

　나는 걱정이 되었다. 나 때문에 엄마의 머리카락이 할머니처럼 하얗게 변하면 어쩌지? 너무 속상해서 눈물이 나려고 했다. 천 원을 받은 것이 전혀 기쁘지 않았다.

　앞으로는 엄마 말씀을 잘 듣고, 속 썩이지 말아야겠다. 엄마의 흰 머리카락이 더 이상 안 생겼으면 좋겠다.

다음은 앞에서 읽은 글의 내용을 한눈에 볼 수 있도록 정리한 글밥지도입니다. 보기에서 알맞은 말을 골라 빈칸을 채워 보세요. 그리고 글에 알맞은 제목을 찾아 선으로 이어 보세요.

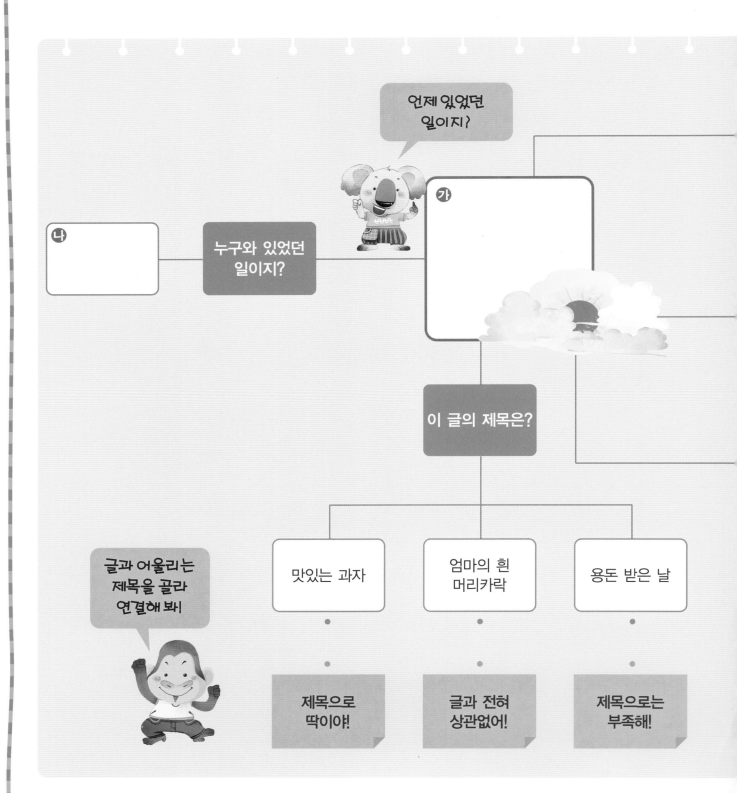

언제 있었던 일이지?

가

나

누구와 있었던 일이지?

이 글의 제목은?

글과 어울리는 제목을 골라 연결해 봐!

맛있는 과자

엄마의 흰 머리카락

용돈 받은 날

제목으로 딱이야!

글과 전혀 상관없어!

제목으로는 부족해!

보기

① 어제   ② 오늘   ③ 엄마   ④ 할머니

⑤ 과자 사 먹기   ⑥ 흰 머리카락 뽑기   ⑦ 신이 나다.   ⑧ 속상하다.

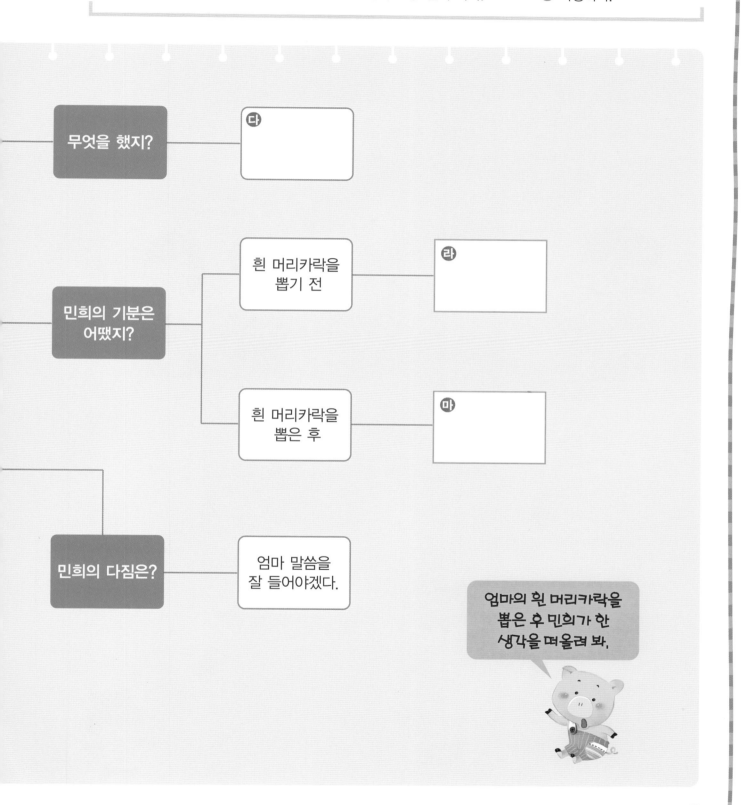

무엇을 했지?	다
민희의 기분은 어땠지?	흰 머리카락을 뽑기 전 → 라
	흰 머리카락을 뽑은 후 → 마
민희의 다짐은?	엄마 말씀을 잘 들어야겠다.

엄마의 흰 머리카락을 뽑은 후 민희가 한 생각을 떠올려 봐.

19

1 민희는 엄마의 흰 머리카락을 뽑으면서 엄마께 효도해야겠다고 생각했습니다. 친구들은 언제 부모님께 효도해야겠다고 느꼈는지 말풍선 안에 써 보세요.

> 엄마의 흰 머리카락을 보니 효도해야겠다는 생각이 들었어. 앞으로 엄마 말씀 잘 듣고 속썩이지 말아야지.

2 다음은 앞의 글을 읽은 친구들의 대화입니다. 가장 바르지 <u>못한</u> 의견을 내고 있는 친구는 누구인가요?

① 흰 머리카락을 더 많이 뽑았다면 용돈을 더 받을 수 있었을 텐데.

② 민희는 마음이 착한 것 같아. 엄마를 생각하는 마음이 대견해.

③ 이 글을 쓴 날에는 날씨가 흐렸구나.

④ 평소에 엄마를 많이 도와드려야겠어.

 오늘 읽어 볼 글입니다. 차근차근 잘 읽고, 문제를 풀어 보세요.

친구들 안녕? 만나서 반가워요.

내 이름은 김시현이에요.

나는 아빠, 엄마 그리고 남동생과 함께 오순도순 살고 있어요. 공주에서 태어났고, 일곱 살 때 서울로 이사를 왔어요.

나는 커서 축구 선수가 되고 싶어요. 박지성 선수처럼 훌륭한 축구 선수가 되어 우리나라를 빛내고, 세계 여러 나라를 돌아다니며 멋진 경기를 펼치고 싶어요. 그런데 축구 선수가 되려면 몸이 튼튼해야 한대요. 그래서 음식도 골고루 먹고, 매일 아침에 운동도 열심히 하고 있어요.

내 별명은 달덩이에요. 얼굴이 둥그런 달처럼 생겼다고 할머니께서 붙여 주신 별명이에요. 또, 달덩이처럼 밝고 둥글게 살아가라는 뜻도 담겨 있어요.
나는 내 별명이 참 좋아요.

친구들, 빨리 친해져서
공부도 같이 하고
축구도 같이
하고 싶어요.

21

다음은 앞에서 읽은 글의 내용을 한눈에 볼 수 있도록 정리한 글밥지도입니다. 보기 에서 알맞은 말을 골라 빈칸을 채워 보세요. 그리고 글에 알맞은 제목과 소개한 순서를 찾아 선으로 이어 보세요.

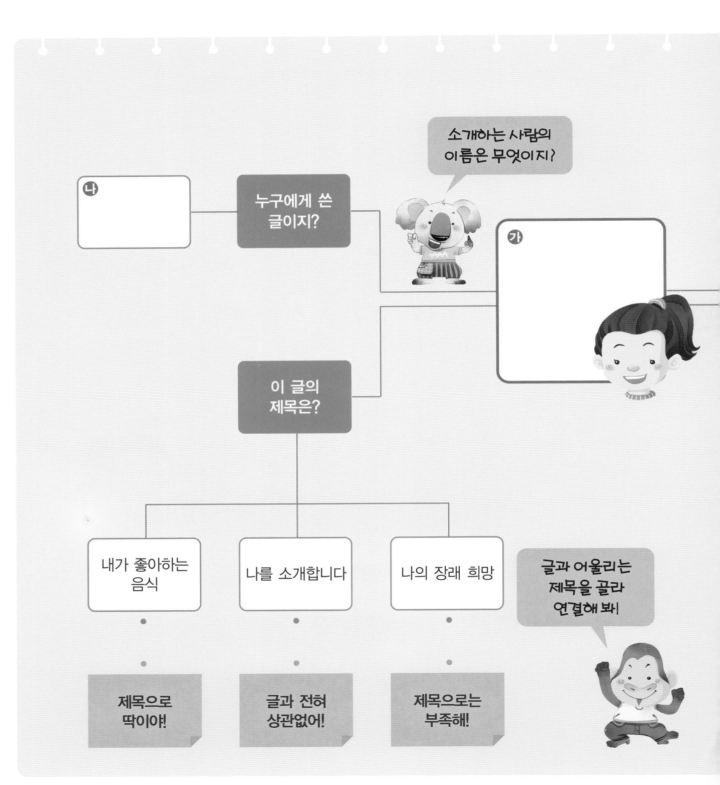

보기
① 축구 선수　　② 공부　　③ 달덩이　　④ 아빠, 엄마, 남동생
⑤ 김시현　　⑥ 멋진 경기　　⑦ 친구들　　⑧ 운동

무엇을 소개했지?

가족 —— **다**

장래 희망 —— **라**

별명 —— **마**

소개한 순서는?

시현이가 자기에 대해 무엇무엇을 소개했는지 떠올려 봐.

첫 번째　　두 번째　　세 번째　　네 번째

장래 희망　　이름　　가족　　별명

1 시현이는 친구들에게 자기소개를 하였습니다. 친구들은 자기에 대하여 무엇을 소개하고 싶은가요? 오른쪽 그림에 자신의 얼굴을 그리고 **보기** 에서 소개하고 싶은 것을 골라 간단히 소개해 보세요.

보기

| 가족 | 별명 | 장래 희망 | 취미 | 생김새 |

2 다음은 앞의 글을 읽은 친구들의 대화입니다. 가장 바르지 <u>못한</u> 의견을 내고 있는 친구는 누구인가요?

① 나도 시현이처럼 축구를 좋아해. 함께 축구를 했으면 좋겠어.

② 시현이에 대해 더 자세히 알게 되었어.

③ 시현이에게 나를 소개하고 싶어. 시현이와 좀 더 친해질 수 있을 거야.

④ 시현이는 자기 자랑을 너무 많이 하는 것 같아.

 오늘 읽어 볼 글입니다. 차근차근 잘 읽고, 문제를 풀어 보세요.

외삼촌께서 생일 선물로 주신 그림책 〈토끼와 거북〉을 읽었다. 책꽂이에 꽂아 두고 잊어버렸었는데 어제 책상 정리를 하다가 내 눈에 띈 것이다. 이 책은 달리기를 잘한다고 잘난 척하는 토끼와 느리지만 열심히 노력하는 거북의 이야기이다.

옛날 옛적에 토끼가 거북에게 달리기 시합을 하자고 했다. 드디어 시합하는 날이 되었다. 토끼는 출발하자마자 빠르게 달려 단숨에 산 중턱까지 올라갔다. 뒤를 돌아보니 저 멀리 거북이 느릿느릿 기어오는 모습이 보였다. 토끼는 '여기서 한숨 자도 거북을 이길 수 있겠지.'라고 생각하고 나무 그늘에 누워 낮잠을 잤다. 하지만 토끼가 낮잠을 자는 사이 거북은 쉬지 않고 열심히 기어갔고, 토끼보다 먼저 결승선에 도착했다. 마침내 거북이 토끼를 이긴 것이다.

이 책을 읽으면서 '나는 토끼 같은 사람일까? 아니면 거북 같은 사람일까?' 하고 생각해 보았다. 나는 거북과 닮은 점이 있다. 작년에 나는 달리기를 못해서 매번 꼴등만 했다. 하지만 매일 연습한 결과, 지금은 2등을 한다.

나는 앞으로도 계속 열심히 노력할 것이다. 공부도, 달리기도 토끼처럼 잘한다고 잘난 척하지 않고, 거북처럼 열심히 노력할 것이다.

 **글밥지도 그리기**

다음은 앞에서 읽은 글의 내용을 한눈에 볼 수 있도록 정리한 글밥지도입니다. 보기에서 알맞은 말을 골라 빈칸을 채워 보세요. 그리고 글에 알맞은 제목과 책을 읽고 난 후의 감상을 찾아 선으로 이어 보세요.

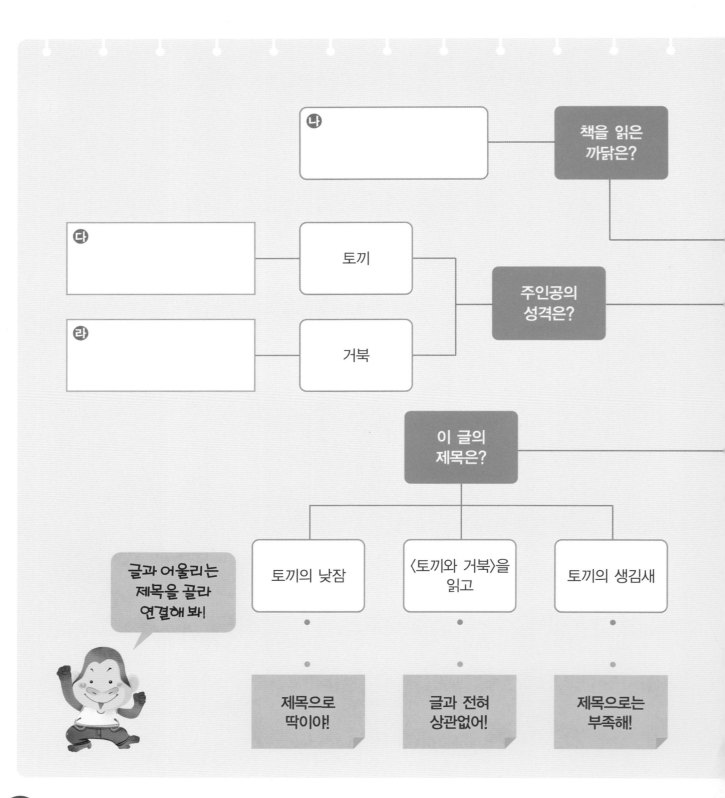

나

책을 읽은 까닭은?

다

토끼

주인공의 성격은?

라

거북

이 글의 제목은?

글과 어울리는 제목을 골라 연결해 봐!

토끼의 낮잠

〈토끼와 거북〉을 읽고

토끼의 생김새

제목으로 딱이야!

글과 전혀 상관없어!

제목으로는 부족해!

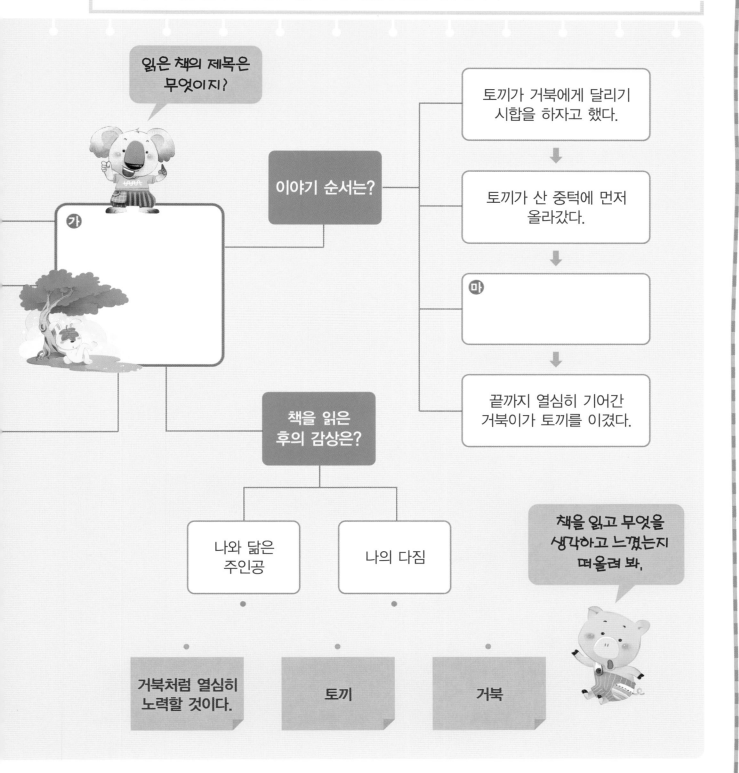

보기
① 열심히 노력한다.　　② 토끼와 거북　　③ 거북이 낮잠을 잤다.
④ 토끼가 낮잠을 잤다.　　⑤ 잘난 척한다.　　⑥ 학교 숙제를 하기 위해서
⑦ 토끼는 끝까지 최선을 다했다.　　⑧ 생일 선물로 책을 받아서

읽은 책의 제목은 무엇이지?

이야기 순서는?

토끼가 거북에게 달리기 시합을 하자고 했다.

토끼가 산 중턱에 먼저 올라갔다.

㉟ 마

끝까지 열심히 기어간 거북이가 토끼를 이겼다.

㉟ 가

책을 읽은 후의 감상은?

나와 닮은 주인공

나의 다짐

책을 읽고 무엇을 생각하고 느꼈는지 떠올려 봐.

거북처럼 열심히 노력할 것이다.

토끼

거북

1 다음은 〈토끼와 거북〉을 읽고 제목과 주인공, 기억에 남는 점을 쓴 것입니다. 친구들도 읽은 책 가운데 가장 기억에 남는 책을 소개해 보세요.

제목	토끼와 거북
주인공	토끼, 거북
기억에 남는 점	느리지만 열심히 노력하여 자기보다 빠른 토끼를 이긴 거북의 모습이 기억에 남는다.

제목	①
주인공	②
기억에 남는 점	③

친구들이 읽은 책 중에 가장 기억에 남는 책을 소개해 봐.

2 다음은 앞의 글을 읽은 친구들의 대화입니다. 가장 바르지 <u>못한</u> 의견을 내고 있는 친구는 누구인가요?

① 책 속 주인공과 나의 모습을 비교하면서 나에 대해 반성할 수 있어.

② 나도 책 선물이 제일 싫어. 장난감 선물이 좋아.

③ 나도 토끼처럼 잘난 척할 때가 많았는데 앞으로는 그러지 말아야겠어.

④ 열심히 노력하는 거북의 모습을 본받고 싶어.

 오늘 읽어 볼 글입니다. 차근차근 잘 읽고, 문제를 풀어 보세요.

사랑하는 부모님께

엄마, 아빠, 안녕하세요? 사랑스러운 딸 현지예요.

요즈음 날씨가 무척 춥죠? 추운 날씨 때문에 몸은 잔뜩 웅크리고 다니지만, 부모님의 사랑 덕분에 마음은 항상 따뜻하게 보내고 있어요.

제가 편지를 쓰는 까닭은 엄마, 아빠께 고마운 마음을 전하기 위해서예요. 얼마 전 제가 독감으로 병원에 입원했을 때, 제 몸을 만져 보시고 열이 높다고 걱정을 하시며 밤새도록 물수건으로 제 몸을 닦아 주셨죠? 잠도 못 주무시고 저를 간호해 주셔서 고맙습니다. 부모님의 사랑 덕분에 저는 금방 건강해졌어요.

또, 어제는 영화관에 데려가 주셨어요. 매일 밤늦게까지 일하시느라 피곤하실 텐데 늘 제가 좋아하는 것을 해 주셔서 고맙습니다.

앞으로는 부모님 말씀도 잘 듣고, 공부도 열심히 하는 착한 딸이 될게요.

엄마, 아빠, 사랑해요.

○○월 ○○일

딸 현지 올림

 글밥지도 그리기

다음은 앞에서 읽은 글의 내용을 한눈에 볼 수 있도록 정리한 글밥지도입니다. 보기 에서 알맞은 말을 골라 빈칸을 채워 보세요. 그리고 글을 쓴 순서를 찾아 선으로 이어 보세요.

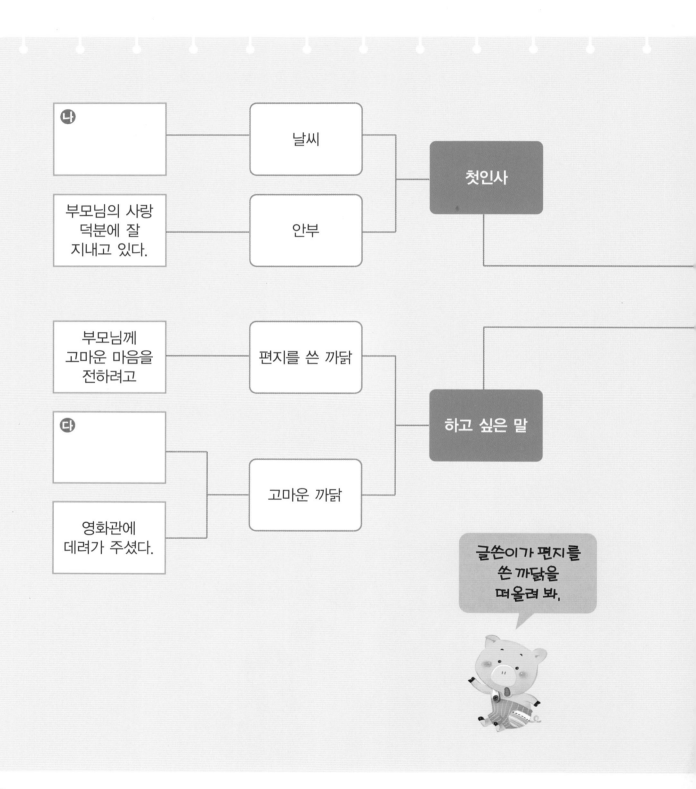

나

날씨

부모님의 사랑 덕분에 잘 지내고 있다.

안부

첫인사

부모님께 고마운 마음을 전하려고

편지를 쓴 까닭

다

하고 싶은 말

영화관에 데려가 주셨다.

고마운 까닭

글쓴이가 편지를 쓴 까닭을 떠올려 봐.

보기
① 현지　　② 공부를 열심히 하겠다.　　③ 운동을 열심히 하겠다.
④ 매우 춥다.　　⑤ 부모님　　⑥ 맛있는 음식을 만들어 주셨다.
⑦ 마음이 따뜻하다.　　⑧ 밤새 간호해 주셨다.

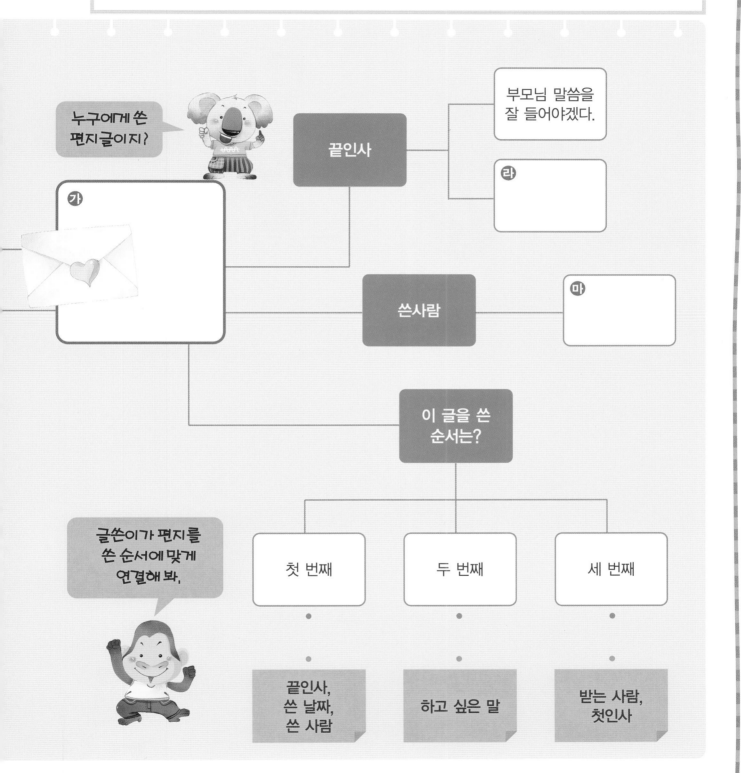

누구에게 쓴 편지글이지?

끝인사 — 부모님 말씀을 잘 들어야겠다.
끝인사 — 라

쓴사람 — 마

가

이 글을 쓴 순서는?

첫 번째　　두 번째　　세 번째

끝인사,
쓴 날짜,
쓴 사람

하고 싶은 말

받는 사람,
첫인사

글쓴이가 편지를 쓴 순서에 맞게 연결해 봐.

1 앞의 편지를 쓸 때 현지의 마음과 이 편지를 읽은 부모님의 마음은 어땠을지 **보기** 에서 골라 답해 보세요.

① _____ 마음

② _____ 마음

보기

| 우울한 | 대견스러운 | 안타까운 | 고마운 |

2 다음은 앞의 글을 읽은 친구들의 대화입니다. 가장 바르지 <u>못한</u> 의견을 내고 있는 친구는 누구인가요?

① 부모님께 효도하는 방법을 생각해 봐야겠어.

② 현지의 부모님처럼 우리 부모님도 날 사랑해 주셔.

③ 독감에 걸리지 않도록 항상 손을 깨끗이 닦아야 해.

④ 편지를 쓰면 쑥스러워서 하기 힘든 말도 잘 전할 수 있어.

 오늘 읽어 볼 글입니다. 차근차근 잘 읽고, 문제를 풀어 보세요.

학교 꽃밭에서 고개를 푹 숙이고 있는 신기한 꽃을 보았다. 선생님께 꽃의 이름을 여쭈어 보았더니 선생님께서 '할미꽃'이라고 말씀해 주셨다. 꽃의 이름이 재미있어 자세히 살펴보았다.

할미꽃은 장미꽃보다 더 진한 자주색이고, 여섯 장의 꽃잎이 통 모양을 이루고 있었다. 꽃의 겉에는 하얀색 잔털이 잔뜩 나 있었다. 잔털을 만져 보니 아기 솜털처럼 보들보들했다. 꽃을 들어 안쪽을 들여다보니 노란색의 수술과 자주색의 암술이 빽빽하게 나 있었다. 그런데 신기하게도 겉과는 다르게 안쪽에는 잔털이 하나도 없었다.

줄기와 잎에도 짧은 잔털이 잔뜩 나 있었다. 마치 밀가루를 뒤집어쓴 것처럼 온몸이 하얀 털로 가득했다.

꽃이 진 자리에는 하얗고 기다란 털이 잔뜩 달린 열매가 맺혀 있었는데 정말 할머니가 머리를 풀어헤친 모습 같았다.

꽃을 살펴보면서 왜 이름이 '할미꽃'인지 알 것 같았다. 고개를 숙인 꽃의 모습이 허리를 구부리고 있는 할머니의 모습 같고, 하얗고 기다란 털이 달린 열매의 모습이 할머니의 머리카락을 닮아서인가 보다.

글밥지도
그리기

다음은 앞에서 읽은 글의 내용을 한눈에 볼 수 있도록 정리한 글밥지도입니다. 보기
에서 알맞은 말을 골라 빈칸을 채워 보세요. 그리고 글에 알맞은 제목을 찾아 선으
로 이어 보세요.

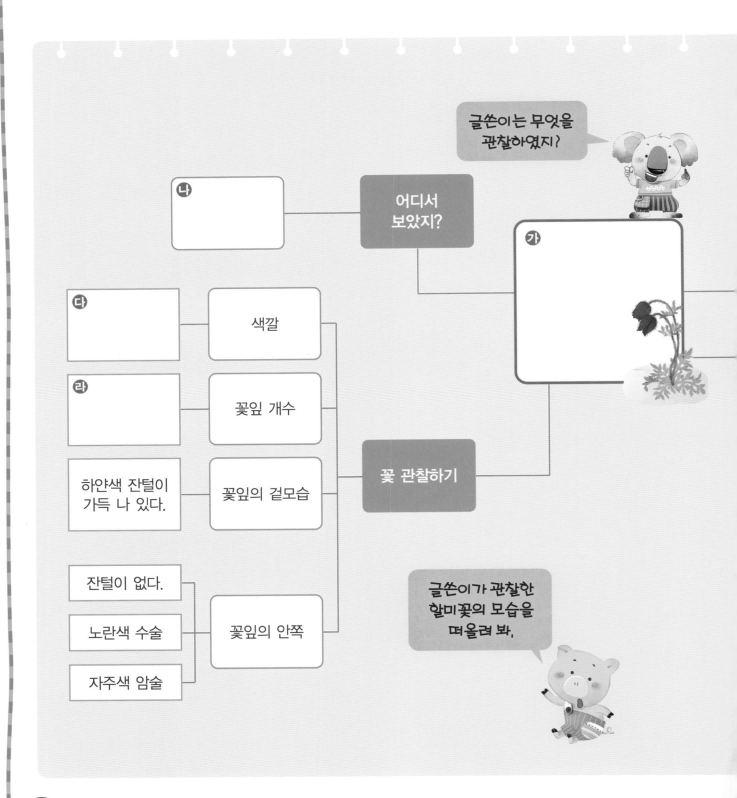

글쓴이는 무엇을
관찰하였지?

나

어디서
보았지?

가

다

색깔

라

꽃잎 개수

하얀색 잔털이
가득 나 있다.

꽃잎의 겉모습

꽃 관찰하기

잔털이 없다.

노란색 수술

꽃잎의 안쪽

자주색 암술

글쓴이가 관찰한
할미꽃의 모습을
떠올려 봐.

보기 ❶ 할미꽃   ❷ 책   ❸ 학교 꽃밭   ❹ 자주색
         ❺ 무수히 많다.   ❻ 여섯 장   ❼ 할머니   ❽ 열매

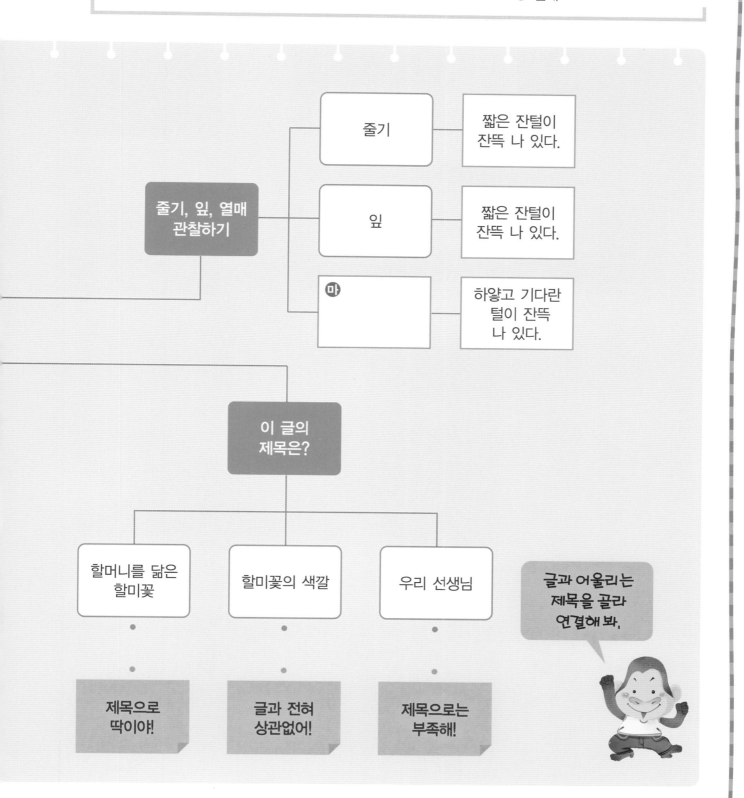

1 앞의 글을 읽고 친구들이 새롭게 알게 된 사실에는 ○표, 이미 알고 있었던 사실에는 △표 해 보세요.

① 할미꽃은 자주색이고, 꽃잎이 여섯 장이다.

② 할미꽃의 수술은 노란색, 암술은 자주색이다.

③ 할미꽃에는 짧은 잔털이 잔뜩 나 있다.

④ 할미꽃의 겉에는 솜털이 있지만 안쪽에는 없다.

⑤ 할미꽃은 할머니처럼 구부정하게 피어 있다.

⑥ 할미꽃의 열매에는 길고 하얀 털이 달려 있다.

2 다음은 앞의 글을 읽은 친구들의 대화입니다. 가장 바르지 <u>못한</u> 의견을 내고 있는 친구는 누구인가요?

① 할미꽃이라는 이름을 들으니 허리를 구부정하게 숙이고 있는 할머니가 떠올라.

② 할미꽃의 모양과 색깔 등이 자세히 나와 있어서 할미꽃에 대하여 새로운 사실들을 알게 되었어.

③ 할머니의 모습을 닮아서 할미꽃이라고 불린다는 게 재미있어.

④ 할미꽃의 모습을 할머니와 비교하면서 실감 나게 잘 꾸며 썼어.

 오늘 읽어 볼 글입니다. 차근차근 잘 읽고, 문제를 풀어 보세요.

아빠, 저 현호예요.

아빠께 한 가지 부탁이 있어요. 아빠, 앞으로는 운전하실 때 담배를 피우지 말아 주세요.

담배에는 우리 몸에 아주 해로운 '니코틴' 이라는 성분이 들어 있대요. 니코틴이 우리 몸속에 들어가면 폐암 같은 무서운 병이 생긴대요. 얼마전 텔레비전에서 폐암에 걸린 사람의 폐를 보았는데 정말 끔찍했어요. 저는 아빠가 병에 걸릴까봐 무척 걱정돼요.

차에서 담배를 피우면 다른 사람에게도 많은 피해를 준대요. 아빠 차를 타면 마치 쓰레기가 썩는 것처럼 지독한 냄새가 나요. 게다가 아빠가 담배를 피우시면 뒷자리에 앉은 저는 머리가 아프고 속이 울렁거려요. 아빠도 제가 아프지 않기를 바라시죠?

또, 차 안에서 담배를 피우면 여러 가지 사고가 날 수 있어요. 담배에 불을 붙이거나 담뱃재를 떨다가 교통사고가 날 수도 있고, 달리던 차 안에서 담배꽁초를 버리면 담배꽁초가 다시 차 안으로 들어와서 차에 불이 날 수도 있대요.

아빠, 앞으로는 운전하실 때 담배를 피우지 않겠다고 꼭 약속해 주세요.

다음은 앞에서 읽은 글의 내용을 한눈에 볼 수 있도록 정리한 글밥지도입니다. 보기 에서 알맞은 말을 골라 빈칸을 채워 보세요. 그리고 글에 알맞은 제목을 찾아 선으로 이어 보세요.

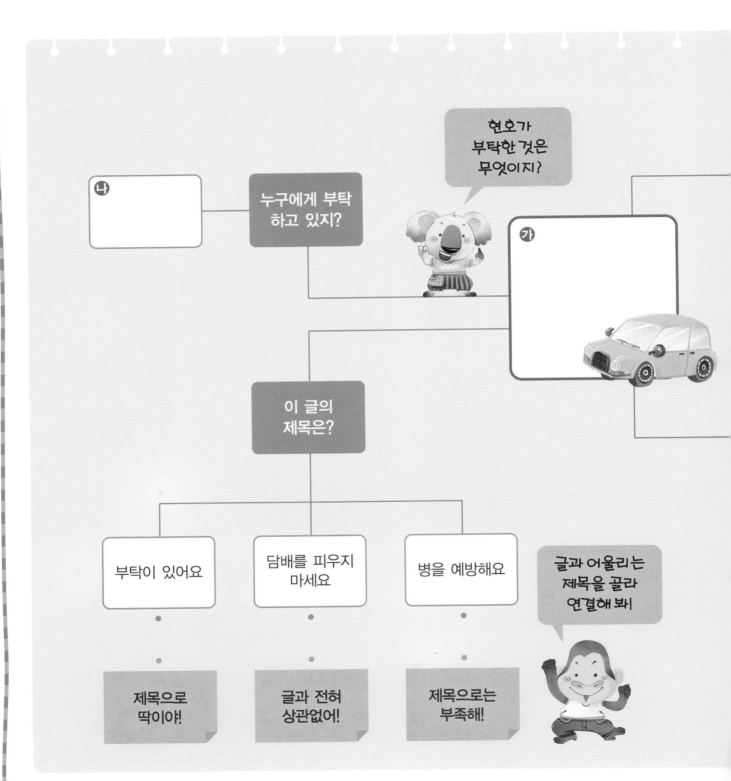

나

누구에게 부탁 하고 있지?

현호가 부탁한 것은 무엇이지?

가

이 글의 제목은?

부탁이 있어요

담배를 피우지 마세요

병을 예방해요

글과 어울리는 제목을 골라 연결해 봐!

제목으로 딱이야!

글과 전혀 상관없어!

제목으로는 부족해!

① 속이 울렁거린다.　　② 니코틴　　③ 텔레비전

④ 아빠　　⑤ 담배꽁초　　⑥ 차에서 담배 피우지 않기

⑦ 사람의 간　　⑧ 폐암을 일으킨다.

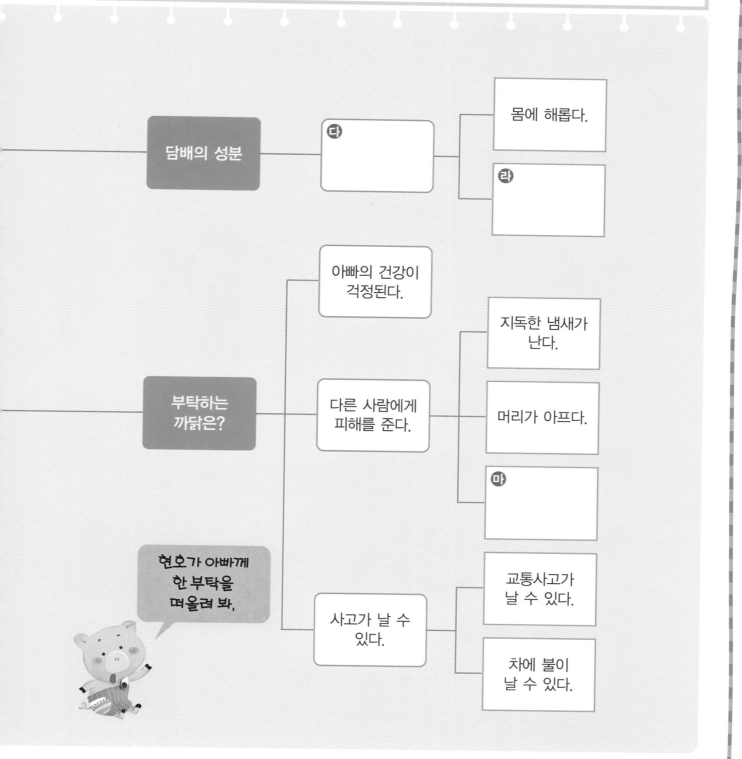

담배의 성분

다

몸에 해롭다.

라

부탁하는 까닭은?

아빠의 건강이 걱정된다.

다른 사람에게 피해를 준다.

지독한 냄새가 난다.

머리가 아프다.

마

사고가 날 수 있다.

교통사고가 날 수 있다.

차에 불이 날 수 있다.

현호가 아빠께 한 부탁을 떠올려 봐.

1 다음은 앞의 글을 읽고 현호의 부탁과 그에 대한 까닭을 정리한 것입니다. 현호가 제시한 까닭으로 알맞지 <u>않은</u> 것에 ∨표 해 보세요.

부탁	운전하실 때 담배를 피우지 말아 주세요.	
까닭	① 다른 사람에게 피해를 줍니다.	☐
	② 담뱃재를 떨다가 교통사고가 날 수도 있습니다.	☐
	③ 담배를 사려면 돈이 많이 듭니다.	☐
	④ 담배꽁초 때문에 차 안에 불이 날 수 있습니다.	☐

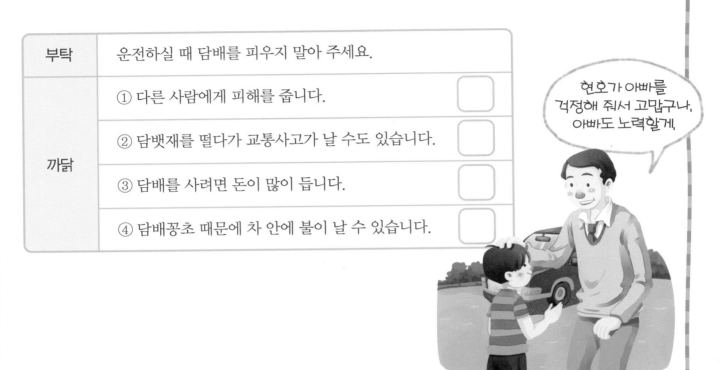

현호가 아빠를 걱정해 줘서 고맙구나, 아빠도 노력할게.

2 다음은 앞의 글을 읽은 친구들의 대화입니다. 가장 바르지 <u>못한</u> 의견을 내고 있는 친구는 누구인가요?

① 현호처럼 웃어른께 무엇을 하지 말라고 하는 건 옳지 않아.

② 현호는 공손한 태도로 부탁하고 있어.

③ 현호의 아빠가 이 글을 보시면 차 안에서 담배를 피우지 말아야겠다고 생각하실 거야.

④ 현호가 말한 까닭은 부탁과 잘 어울려.

 오늘 읽어 볼 글입니다. 차근차근 잘 읽고, 문제를 풀어 보세요.

옛날, 어느 마을에서 한 젊은이와 주막 주인이 말다툼을 벌였습니다. 일 년 전에 젊은이가 먹은 삶은 달걀 세 개의 값 때문이었습니다.

"만일 당신이 그 달걀을 먹지 않았다면, 일 년 동안 세 개의 달걀에서 병아리가 나와 세 마리의 큰 닭이 되었을 거라고요. 그러니 스무 냥을 내놓아야 해요."

"그런 억지①가 어디 있소? 나는 그렇게 못 주겠소!"

결국 두 사람은 고을의 원님을 찾아가기로 했습니다. 약속한 날, 젊은이는 약속한 시간이 한참 지난 후에야 나타났습니다.

"원님, 밭에 뿌릴 콩을 삶느라 늦었습니다."

"삶은 콩을 밭에 뿌리다니 말이 되는가!"

원님이 화를 내며 말하자 젊은 남자는 차분하게 대답하였습니다.

"원님, 삶은 달걀에서도 병아리가 나온다는데, 삶은 콩에서도 당연히 싹이 돋지 않겠습니까?"

원님은 젊은이의 지혜에 감탄했고, 주막 주인은 부끄러워 얼굴을 들지 못했습니다.

① **억지** : 잘 안될 일은 무리하게 기어이 해내려는 고집

다음은 앞에서 읽은 글의 내용을 한눈에 볼 수 있도록 정리한 글밥지도입니다. 보기 에서 알맞은 말을 골라 빈칸을 채워 보세요. 그리고 글에 알맞은 제목과 이야기의 순서를 찾아 선으로 이어 보세요.

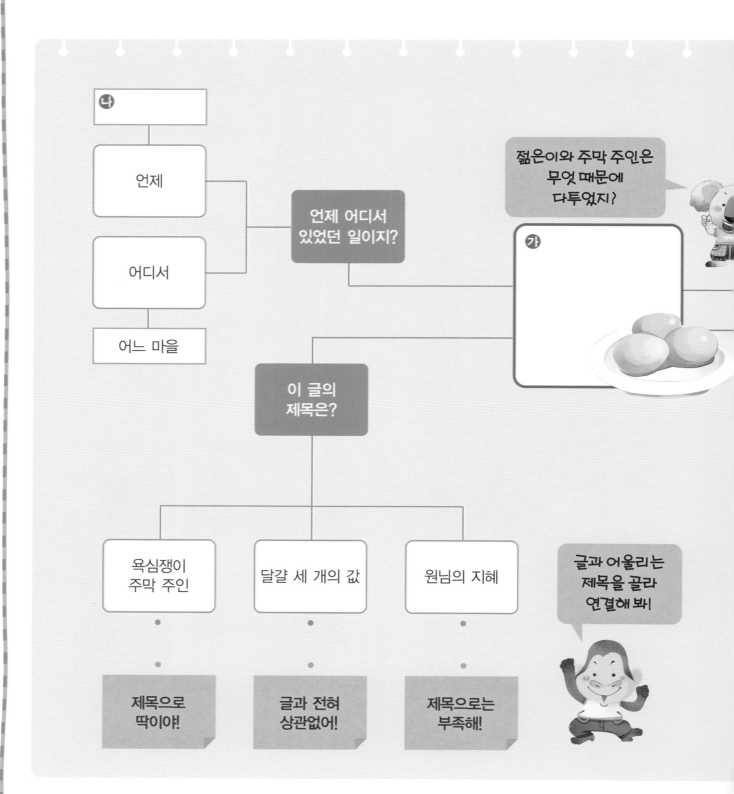

보기
① 삶은 콩   ② 병아리   ③ 옛날   ④ 욕심이 많다.
⑤ 지혜롭다.   ⑥ 말다툼   ⑦ 원님   ⑧ 삶은 달걀 세 개

등장인물의 성격은?

젊은이 — 다 [ ]

주막 주인 — 라 [ ]

이야기의 순서는?

첫 번째   두 번째   세 번째

젊은이의 지혜에 원님은 감탄했고, 주막 주인은 부끄러워했다.

삶은 달걀 세 개의 값을 놓고 젊은이와 주막 주인이 말다툼을 하게 되었다.

결국 젊은이와 주막 주인은 원님에게 판결을 받기로 했다.

이야기의 순서에 맞게 연결해 봐.

43

1 다음은 앞에서 읽은 이야기의 중요한 장면입니다. 각각의 인물들은 상대방의 말을 듣고 어떤 마음이 들었을지 보기에서 골라 답해 보세요.

당신이 달걀을 먹지 않았다면 달걀에서 병아리가 나와 닭이 되었을 것이니 스무 냥을 주시오.

① 젊은이의 마음은?

삶은 달걀에서도 병아리가 나온다는데, 삶은 콩에서도 싹이 돋지 않겠습니까?

② 주막 주인의 마음은?

보기   부끄럽다.   즐겁다.   화가 난다.   슬프다.

2 다음은 앞의 글을 읽은 친구들의 대화입니다. 가장 바르지 <u>못한</u> 의견을 내고 있는 친구는 누구인 가요?

①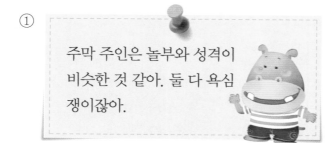
주막 주인은 놀부와 성격이 비슷한 것 같아. 둘 다 욕심 쟁이잖아.

②
인물이 하는 말이나 행동을 살펴보면 성격을 알 수 있어.

③
젊은이는 정말 지혜로워. 저런 지혜로움을 나도 본받고 싶어.

④
옛이야기는 모두 꾸며 쓴 거라서 우리에게 교훈을 주지 못해.

 오늘 읽어 볼 글입니다. 차근차근 잘 읽고, 문제를 풀어 보세요.

　작고 약한 곤충들은 천적에게 잡아먹히지 않기 위해 자신의 몸을 보호하는 특별한 방법을 가지고 있어요.

　부엉이나비의 날개에는 부엉이의 눈과 비슷한 무늬가 있어요. 그래서 새가 가까이 다가올 때 날개를 쫙 펼치면 새들은 커다란 부엉이가 나타난 줄 알고 깜짝 놀라 도망을 간답니다. 왜냐하면, 부엉이가 새들을 잡아먹기 때문이지요.

　무당벌레는 적이 공격해 오면 고약한 냄새와 쓴 맛이 나는 노란 즙을 내뿜어요. 한번 무당벌레가 뿜은 독한 즙을 맛본 새들은 무당벌레를 공격하지 않는답니다. 즙의 쓴 맛을 기억하기 때문이죠. 그래서 무당벌레를 닮은 곤충도 생겨났어요.

　풀숲에서 사는 메뚜기는 풀잎과 같은 색으로 몸을 바꾸어요. 여름에는 몸 색깔이 녹색을 띠고, 가을이 되어 풀잎이 갈색으로 변하면 몸 색깔도 갈색으로 변하기 때문에 적의 눈에 잘 띄지 않는답니다.

　이렇게 작은 곤충들이 자신의 몸을 지키며 살아가는 모습은 정말 신비하답니다.

① **천적** : 잡아먹는 동물을 잡아먹히는 동물에 상대하여 이르는 말

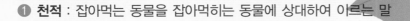

45

글밥지도 그리기

다음은 앞에서 읽은 글의 내용을 한눈에 볼 수 있도록 정리한 글밥지도입니다. 보기 에서 알맞은 말을 골라 빈칸을 채워 보세요. 그리고 글에 알맞은 제목을 찾아 선으로 이어 보세요.

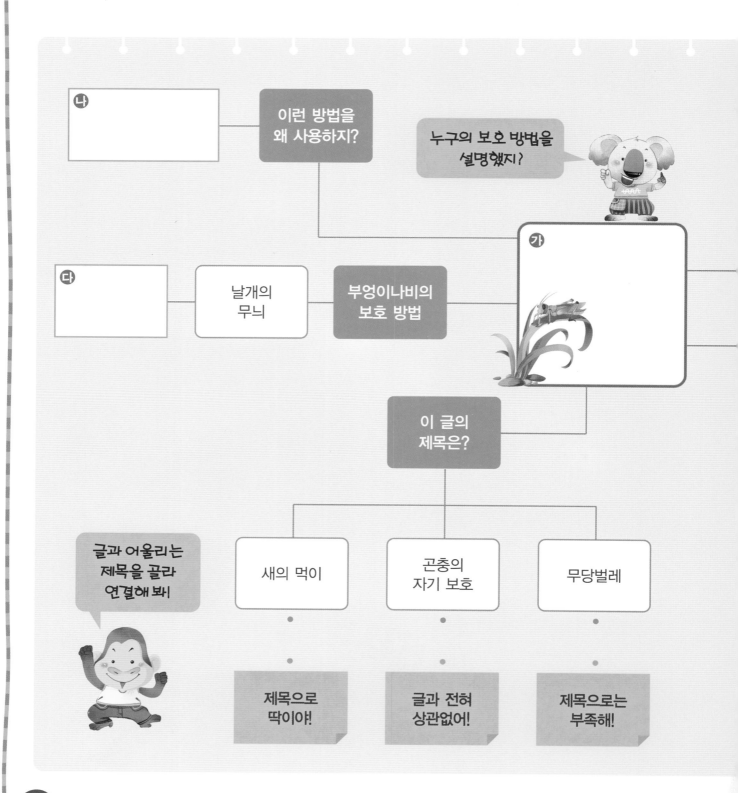

나

이런 방법을
왜 사용하지?

누구의 보호 방법을
설명했지?

다

날개의
무늬

부엉이나비의
보호 방법

가

이 글의
제목은?

글과 어울리는
제목을 골라
연결해 봐!

새의 먹이   곤충의
자기 보호   무당벌레

제목으로
딱이야!   글과 전혀
상관없어!   제목으로는
부족해!

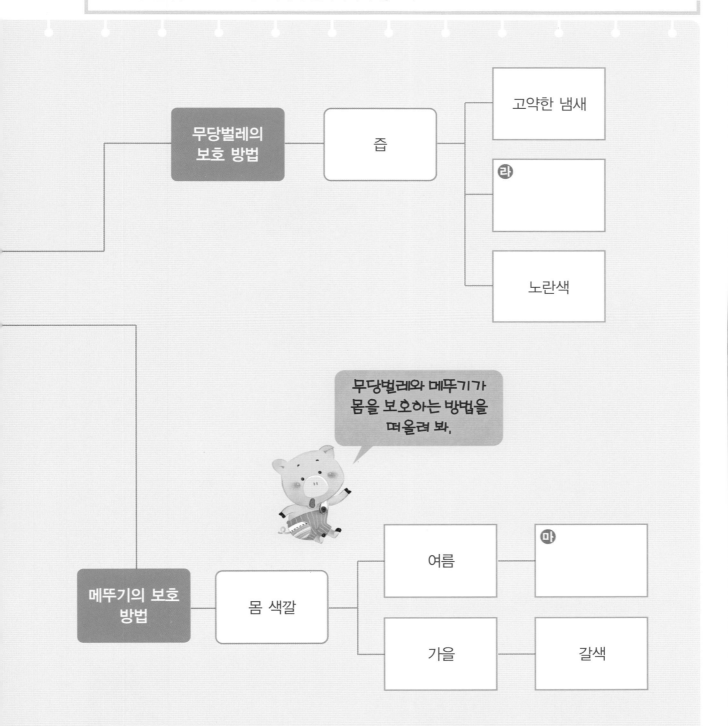

무당벌레의 보호 방법 — 즙 — 고약한 냄새 / 라 / 노란색

무당벌레와 메뚜기가 몸을 보호하는 방법을 떠올려 봐.

메뚜기의 보호 방법 — 몸 색깔 — 여름 — 마 / 가을 — 갈색

1 다음은 앞의 글에 나온 곤충과 여러 가지 방법으로 자기의 몸을 보호하는 동물들의 모습입니다. 몸을 보호하는 방법이 비슷한 곤충과 동물을 선으로 이어 보세요.

2 다음은 앞의 글을 읽은 친구들의 대화입니다. 가장 바르지 <u>못한</u> 의견을 내고 있는 친구는 누구인가요?

① 다른 곤충들은 어떻게 자신을 보호하는지 더 알아보고 싶어.

② 메뚜기가 천적의 눈에 잘 띄지 않는 까닭은 몸 크기가 작기 때문이야.

③ 새들이 부엉이나비의 날개를 보고 부엉이가 나타난 줄 알고 도망간다는 게 신기하고 재미있어.

④ 이미 알고 있던 사실도 있지만 이 글을 통해 새롭게 알게 된 사실도 많아.

 오늘 읽어 볼 글입니다. 차근차근 잘 읽고, 문제를 풀어 보세요.

지난 여름, 부모님과 함께 인도에 갔다. 태어나서 처음으로 비행기를 타니 무섭기도 하고 신 나기도 했다.

인도 공항에 도착하니 인도의 전통 옷을 입은 사람들이 눈에 띄었다. 바느질을 하지 않은 커다란 천을 몸에 감아 입은 모습이 인상적이었다. 식당에 들어가니 사람들이 손으로 밥을 먹고 있었다. 인도에서는 손으로 밥을 먹는다고 한다. 나라마다 음식을 먹는 문화가 다르다는 게 신기했다.

우리는 인도의 대표 음식인 카레와 밥을 맛있게 먹고 갠지스 강으로 갔다. 갠지스 강에서는 많은 사람들이 목욕을 하고 있었다. 인도 사람들은 갠지스 강을 '성스러운 강'으로 숭배하여 이 강물에 목욕을 하면 모든 죄를 용서받을 수 있고, 병도 고칠 수 있다고 믿는다고 한다. 어디선가 피리 소리가 들려왔다. 텔레비전에서만 보던 코브라가 피리 소리에 맞춰 고개를 들고 이리저리 움직이고 있었다. 가까이 다가가서 보고 싶었지만 코브라에 물릴까 봐 무서웠다.

여행을 마치고 서울로 돌아오는 비행기 안에서 커서 어른이 되면 꼭 인도에 다시 오겠다고 다짐했다. 그때에는 인도의 더 많은 곳을 여행하고 싶다.

글밥지도
그리기

다음은 앞에서 읽은 글의 내용을 한눈에 볼 수 있도록 정리한 지도입니다. 보기 에서 알맞은 말을 골라 빈칸을 채워 보세요. 그리고 글에 알맞은 제목과 여행의 순서를 찾아 선으로 이어 보세요.

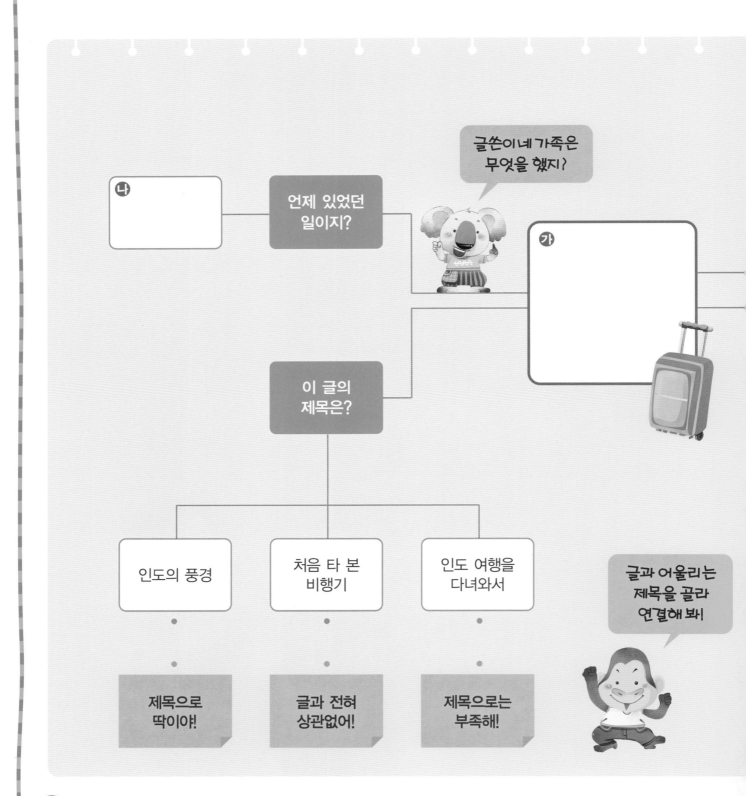

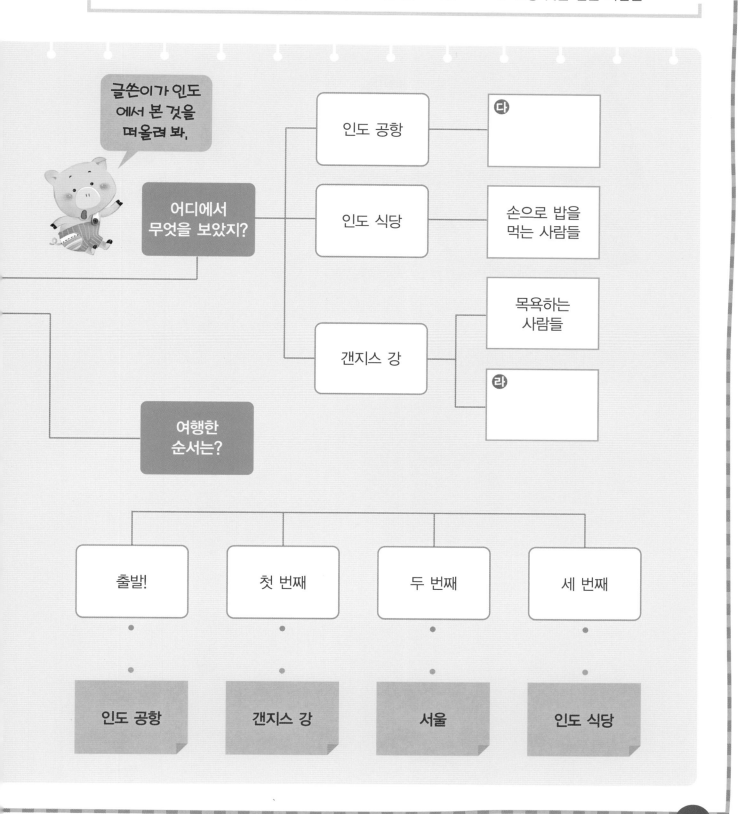

글쓴이가 인도에서 본 것을 떠올려 봐.

어디에서 무엇을 보았지?

인도 공항 — 다

인도 식당 — 손으로 밥을 먹는 사람들

갠지스 강 — 목욕하는 사람들 / 라

여행한 순서는?

출발!　　첫 번째　　두 번째　　세 번째

인도 공항　　갠지스 강　　서울　　인도 식당

1 글쓴이는 인도를 여행하면서 새로운 것들을 많이 보았습니다. 새로운 것들을 보면서 글쓴이는 어떤 생각을 했는지 보기 에서 골라 답해 보세요.

①

②

③

보기   무섭다.   인상적이다.   바보스럽다.   신기하다.

2 다음은 앞의 글을 읽은 친구들의 대화입니다. 가장 바르지 <u>못한</u> 의견을 내고 있는 친구는 누구인가요?

① 텔레비전에서만 보던 모습을 실제로 보면 신기하고 재미있을 거야.

② 다른 나라를 여행하면 그 나라의 문화를 알 수 있어.

③ 인도와 우리는 다른 점이 참 많구나.

④ 손으로 음식을 먹다니 인도 사람들은 정말 더러워.

 오늘 읽어 볼 글입니다. 차근차근 잘 읽고, 문제를 풀어 보세요.

　요즈음 게임을 좋아하는 초등학생들이 늘어나면서 게임을 하기 위해 거짓말을 하는 일까지 생기고 있다. 게임을 많이 하는 것은 좋지 않으므로 앞으로는 게임을 많이 하지 말자.

　게임을 많이 하면 건강에 해롭다. 초등학교 고학년 두 명 중 한 명은 눈에 이상이 있는데 이는 오랫동안 모니터를 보기 때문이라고 한다. 또 가만히 앉아서 게임을 하니 운동량이 줄어들어 살이 쉽게 찐다.

　게임은 성격도 변하게 만든다. 어린이들은 게임에서 점수를 얻지 못하거나 상대편에게 지면 자신도 모르게 쉽게 화를 내거나 험한 욕을 내뱉기도 한다. 이것이 자꾸 반복되면 성격이 바뀌기도 한다.

　뿐만 아니라 게임을 많이 하면 공부에 방해가 된다. 늦은 시간까지 게임을 하느라 숙제를 못 하기도 하고, 게임 생각하느라 수업에 집중하지 못 한다.

　이처럼 게임을 많이 하면 여러 가지 문제점이 생긴다. 게임을 하고 싶을 때에는 시간을 정해서 하고, 게임을 하는 대신 친구나 가족들과 어울리는 시간을 많이 갖도록 하자.

다음은 앞에서 읽은 글의 내용을 한눈에 볼 수 있도록 정리한 글밥지도입니다. 보기 에서 알맞은 말을 골라 빈칸을 채워 보세요. 그리고 글에 알맞은 제목을 찾아 선으로 이어 보세요.

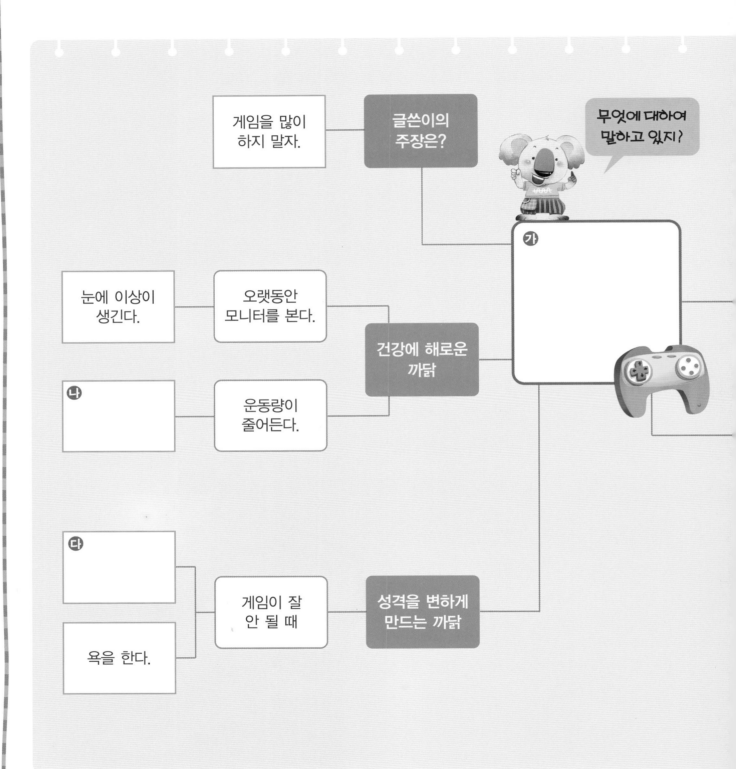

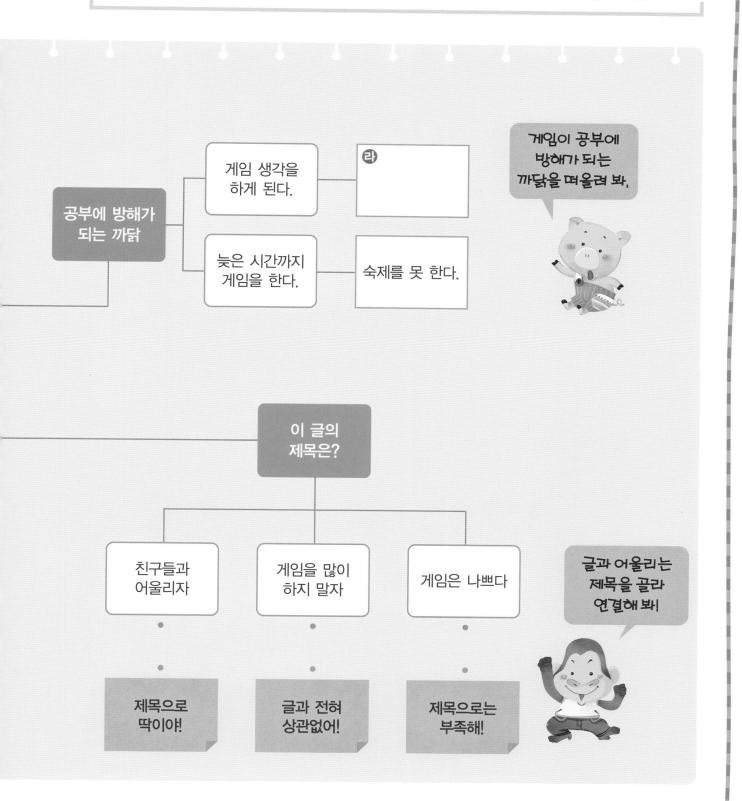

보기
❶ 공부 ❷ 게임 ❸ 살이 빠진다. ❹ 살이 찐다.
❺ 화를 낸다. ❻ 잘 웃게 된다. ❼ 수업에 집중하지 못 한다. ❽ 적당한 시간

게임이 공부에 방해가 되는 까닭을 떠올려 봐.

공부에 방해가 되는 까닭

게임 생각을 하게 된다.

라

늦은 시간까지 게임을 한다.

숙제를 못 한다.

이 글의 제목은?

친구들과 어울리자

게임을 많이 하지 말자

게임은 나쁘다

제목으로 딱이야!

글과 전혀 상관없어!

제목으로는 부족해!

글과 어울리는 제목을 골라 연결해 봐!

1 글쓴이는 자신의 의견을 뒷받침하기 위해 까닭을 보충하려고 합니다. 어떤 까닭을 더 들면 좋을지 알맞은 것을 찾아 ○표 해 보세요.

의견	게임을 많이 하지 말자.	
까닭	① 게임을 하면 친구를 많이 사귈 수 있다.	☐
	② 게임을 하면 좋은 성격으로 변할 수 있다.	☐
	③ 게임을 하면 부모님께 잔소리를 듣게 된다.	☐
	④ 게임을 하면 가족들과 함께 시간을 보낼 수 있다.	☐

게임을 많이 하면 어떤 일이 생길지 생각해 보렴.

2 다음은 앞의 글을 읽은 친구들의 대화입니다. 가장 바르지 <u>못한</u> 의견을 내고 있는 친구는 누구인가요?

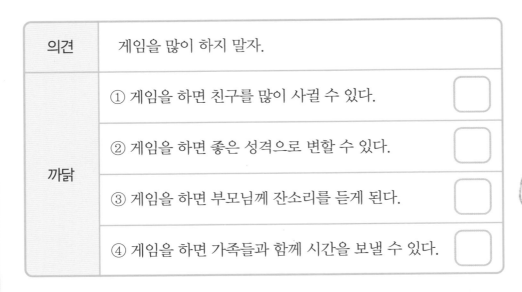

①
글쓴이는 게임을 절대로 하면 안 된다고 주장하고 있어.

②
게임을 하려고 거짓말까지 하다니 게임 때문에 생기는 문제가 정말 큰 것 같아.

③
게임 시간을 정해 놓고 스스로 조절하는 것이 중요해.

④
나도 일단 게임을 시작하면 끝내기 힘들 때가 많아. 게임을 적당히 해야겠어.

꼼꼼히 집중하여 읽기

글의 갈래	**기사문**
걸린 시간	분 초

 오늘 읽어 볼 글입니다. 차근차근 잘 읽고, 문제를 풀어 보세요.

최근 어린이 비만에 대한 한 연구 결과에 따르면 어린이 열 명 중 두 명이 비만인 것으로 나타났다. 비만 어린이의 수가 십 년 전보다 두 배 정도 늘어난 것이다.

비만인 어린이는 고지혈증, 당뇨병, 고혈압 등 여러 가지 성인병❶에 걸릴 수 있다. 또, 키가 잘 자라지 않거나 뚱뚱해져 친구들에게 놀림을 받아 우울증❷이 생기기도 하므로 비만을 미리 막는 것이 중요하다.

어린이 비만은 환경의 영향을 많이 받기 때문에 가족이 서로 도와야 한다. 가족이 모여 함께 식사를 하고, 음식을 천천히 꼭꼭 씹어 먹게 한다. 그리고 밖에서 사 먹는 음식은 대부분 기름기가 많으므로 되도록 집에서 직접 요리해 먹는 것이 좋다.

규칙적인 운동도 매우 중요하다. 빠르게 걷기, 자전거 타기, 배드민턴, 줄넘기 등 몸을 많이 움직일 수 있는 운동을 꾸준히 해야 한다. 그리고 무엇보다도 어린이에게 스트레스를 주지 않는 것이 중요하다. 식사 조절이나 운동을 억지로 시키면 오히려 한꺼번에 많은 음식을 먹는 등 나쁜 습관을 부를 수 있으므로 칭찬과 격려❸를 잊지 말아야 한다.

❶ **성인병** : 마흔 살 안팎의 나이 이후에 문제되는 병을 통틀어 이르는 말

❷ **우울증** : 기분이 언짢아 명랑하지 아니한 마음의 상태

❸ **격려** : 용기나 의욕이 솟아나도록 북돋워 줌

다음은 앞에서 읽은 글의 내용을 한눈에 볼 수 있도록 정리한 글밥지도입니다. 보기 에서 알맞은 말을 골라 빈칸을 채워 보세요. 그리고 글에 알맞은 제목을 찾아 선으로 이어 보세요.

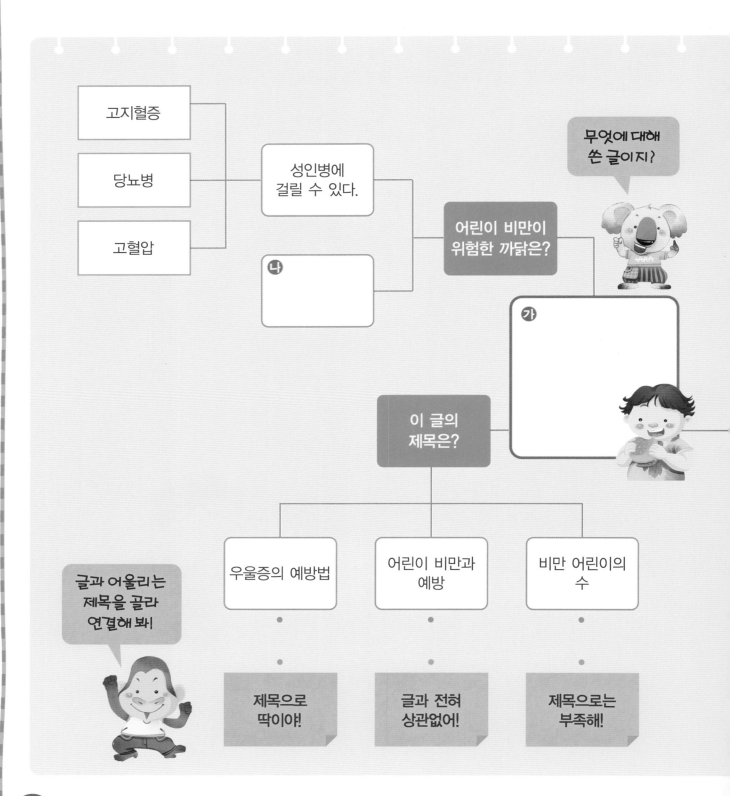

고지혈증

당뇨병

고혈압

성인병에 걸릴 수 있다.

나

무엇에 대해 쓴 글이지?

어린이 비만이 위험한 까닭은?

가

이 글의 제목은?

글과 어울리는 제목을 골라 연결해 봐!

우울증의 예방법

어린이 비만과 예방

비만 어린이의 수

제목으로 딱이야!

글과 전혀 상관없어!

제목으로는 부족해!

보기
① 나쁜 습관   ② 어린이 비만   ③ 우울증이 생길 수 있다.   ④ 키가 잘 자란다.
⑤ 배드민턴   ⑥ 칭찬과 격려   ⑦ 천천히 꼭꼭 씹어 먹는다.   ⑧ 기름진 음식

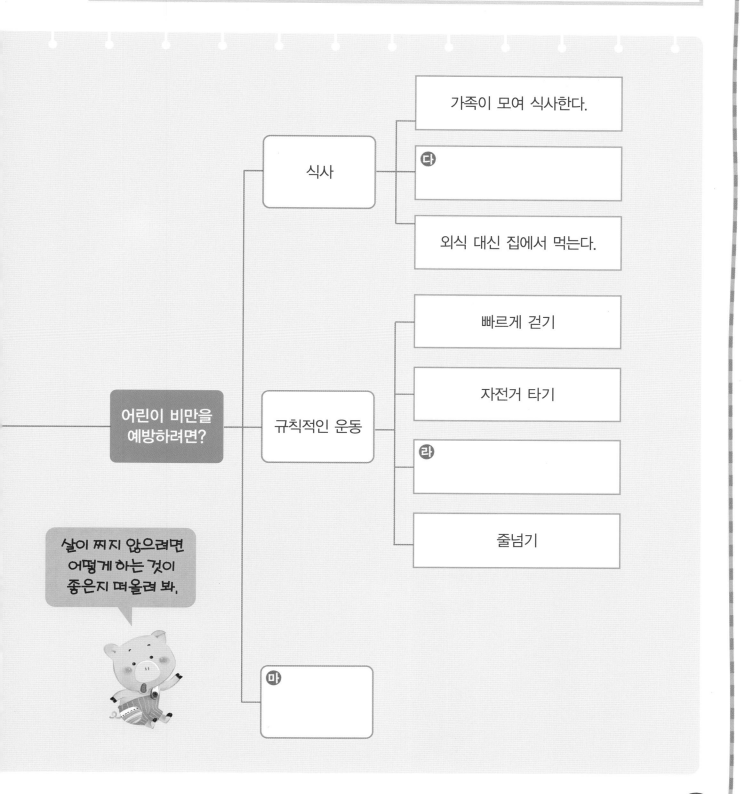

1 다음은 앞에서 읽은 글을 간추린 것입니다. 빈칸에 들어갈 알맞은 말을 보기에서 골라 답해 보세요.

어린이 비만은 여러 가지 [①] 과 우울증을 발생시킬 수 있어 위험하다. 어린이 비만을 미리 막기 위해서는 [②], 규칙적인 [③]이 필요하다. 그리고 무엇보다도 어린이가 스트레스를 받지 않도록 [④]를 잊지 말아야 한다.

비만은 미리 막는 것이 가장 중요해.

보기

운동 　　　 성인병 　　　 칭찬과 격려 　　　 식사 조절

2 다음은 앞의 글을 읽은 친구들의 대화입니다. 가장 바르지 <u>못한</u> 의견을 내고 있는 친구는 누구인가요?

① 비만 어린이의 수가 십 년 전에 비해서 크게 늘어났어. 정말 큰일이야.

② 글쓴이는 뚱뚱한 친구들이 외모 때문에 놀림 받는 것을 안타까워하고 있어.

③ 어린이 비만을 예방하려면 가족들의 도움이 반드시 필요해.

④ 어린이 비만이 성인 비만보다 훨씬 위험하다고 하니 미리 막는 게 중요해.

 오늘 읽어 볼 글입니다. 차근차근 잘 읽고, 문제를 풀어 보세요.

　지난 토요일, 가족들과 함께 자연휴양림으로 숲 체험을 하러 갔다. 수많은 동물과 식물이 어우러져 살아가는 숲은 어떤 모습일지 궁금했다.

　숲 전문가 선생님과 숲으로 들어가자 새들이 지저귀는 소리가 들려 왔고, 애기똥풀, 민들레, 질경이 등 작은 풀들이 사이좋게 모여 있었다. 구불구불한 오솔길을 따라 조금 더 걸어가니 생강나무, 국수나무, 신갈나무를 만날 수 있었다. 식물은 생김새나 특징에 따라 이름을 짓는 경우가 많은데, 생강나무는 잘라낸 가지에서 생강 냄새가 난다고 해서 붙은 이름이라고 한다. 나무에 청진기를 대고 조용히 귀를 기울이자 사람의 심장 뛰는 소리처럼 나무 속의 물이 흐르는 소리가 들렸다.

　한참을 더 올라가자 곳곳에 썩은 나무가 보였다. 그냥 죽어 있는 것 같지만 썩은 나무는 숲에서 아주 중요한 역할을 한다고 한다. 아주 작은 벌레들과 곰팡이들이 썩은 나무를 먹고 살면서 풀, 나무, 낙엽이 썩는 것을 도와주어 흙을 만들고, 흙은 다시 새로운 숲을 만든다는 것이다.

　숲은 겉으로는 아주 조용해 보이지만 큰 나무에서부터 눈에 보이지 않는 벌레들까지 바쁘게 움직이는 곳인 것 같다. 이런 숲이 더 이상 파괴되지 않고 잘 지켜졌으면 좋겠다.

글밥지도 그리기

다음은 앞에서 읽은 글의 내용을 한눈에 볼 수 있도록 정리한 글밥지도입니다. 보기 에서 알맞은 말을 골라 빈칸을 채워 보세요. 그리고 글에 알맞은 제목을 찾아 선으로 이어 보세요.

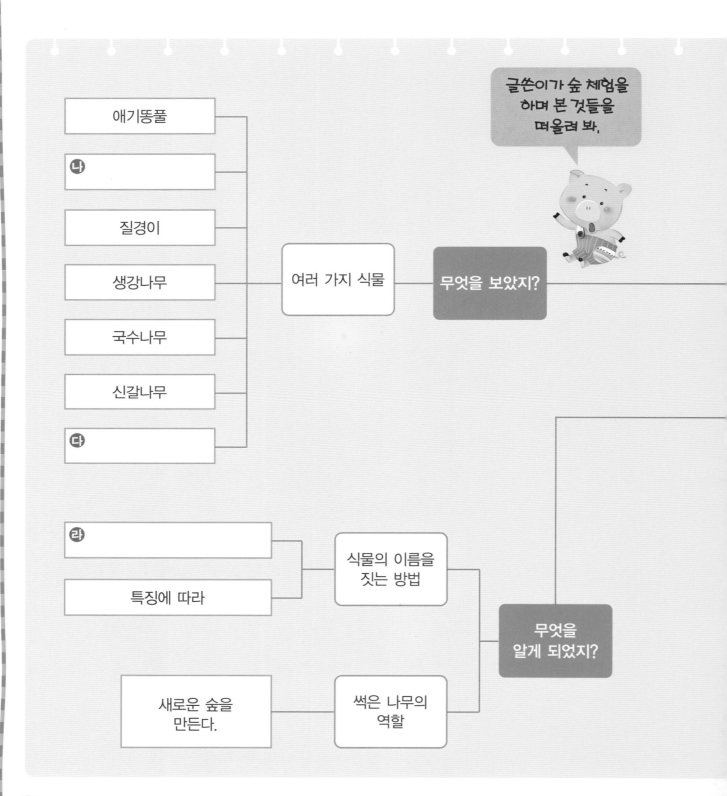

보기

① 자연휴양림　　　② 바닷가　　　③ 여러 가지 새
④ 썩은 나무　　　⑤ 민들레　　　⑥ 나무가 썩지 않기를 바란다.
⑦ 생김새에 따라　　　⑧ 숲이 잘 지켜지기를 바란다.

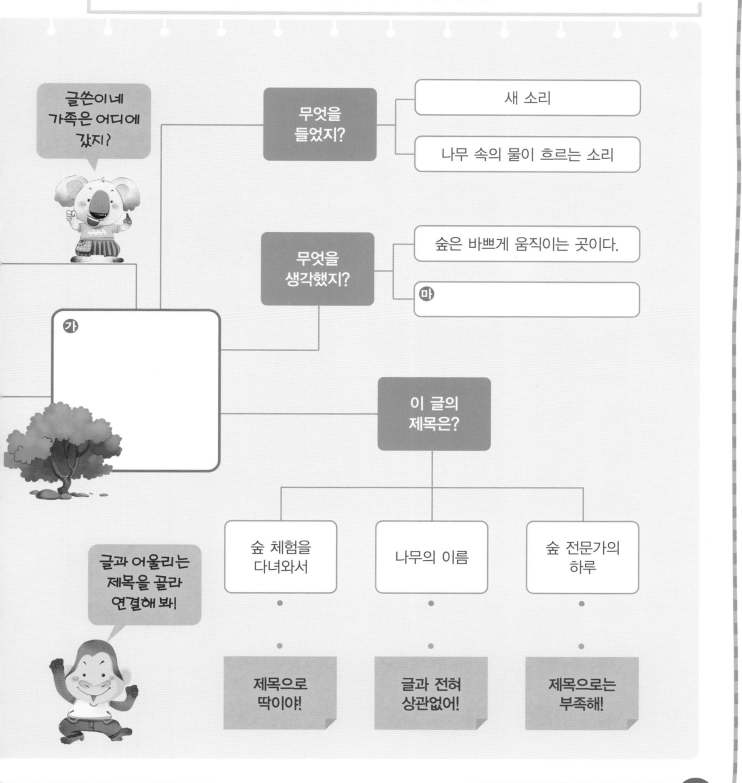

글쏜이네 가족은 어디에 갔지?

무엇을 들었지?

새 소리

나무 속의 물이 흐르는 소리

무엇을 생각했지?

숲은 바쁘게 움직이는 곳이다.

마

가

이 글의 제목은?

글과 어울리는 제목을 골라 연결해 봐!

숲 체험을 다녀와서

나무의 이름

숲 전문가의 하루

제목으로 딱이야!

글과 전혀 상관없어!

제목으로는 부족해!

1 글쓴이는 숲 체험에서 본 여러 가지 식물을 풀과 나무로 나누어 보려고 합니다. 보기에서 골라 답해 보세요.

풀	나무
애기똥풀	신갈나무

보기

국수나무	민들레	질경이	생강나무

2 다음은 앞의 글을 읽은 친구들의 대화입니다. 가장 바르지 <u>못한</u> 의견을 내고 있는 친구는 누구인 가요?

① 생강나무의 가지를 자르면 생강 냄새가 난다는 게 신기해. 한번 맡아 보고 싶어.

② 나도 나무에 청진기를 대고 물이 <u>흐르는</u> 소리를 들어 본 적이 있어. 그때 나무가 살아 있다는 것을 느꼈어.

③ 작은 벌레나 곰팡이들이 풀, 나무, 낙엽이 썩는 것을 도와 준다니 놀랍구나.

④ 썩은 나무는 숲을 파괴할 수 있기 때문에 빨리 뽑아 버려야 해.

꼼꼼히 집중하여 읽기

글의 갈래	**그림 감상문**
걸린 시간	분　초

 오늘 읽어 볼 글입니다. 차근차근 잘 읽고, 문제를 풀어 보세요.

　미술 시간에 김홍도의 〈춤추는 소년〉을 보았다. 김홍도는 우리나라를 대표하는 조선 후기의 화가이다. 김홍도는 어린 시절부터 천재 화가로 알려졌으며, 서민들의 생활 모습을 많이 그렸다.

　〈춤추는 소년〉에는 북, 장구, 피리, 대금, 해금을 연주하는 사람들이 등장한다. 북을 치고 있는 사람은 다른 사람들이 연주를 잘하고 있는지 살펴보는 것 같다. 장구를 치고 있는 사람은 열심히 장구를 치느라 고개를 숙이고 있고, 피리를 부는 사람은 양볼이 터질 듯 잔뜩 부풀어 있다. 왼쪽 아래에는 소년이 가락에 몸을 맡긴 채 팔을 위로 올리고 오른쪽 다리를 들고 덩실덩실 춤을 추고 있다. 소년의 재미있는 표정을 보니 나도 모르게 웃음이 나왔다. 악기를 연주하는 사람과 춤추는 소년 모두 즐거워 보인다.

　그림을 가만히 보고 있으니 바로 옆에서 흥겨운 가락이 들리는 것처럼 느껴졌다. 나도 모르게 몸이 근질근질해지고 어깨가 들썩여지는 것 같았다. 아마 나도 이 소년 옆에 있었다면 어깨를 들썩거리며 덩실덩실 춤을 추었을 것이다. 김홍도의 다른 작품에는 어떤 모습이 담겨 있을지 찾아보고 싶다.

글밥지도 그리기

다음은 앞에서 읽은 글의 내용을 한눈에 볼 수 있도록 정리한 글밥지도입니다. 보기 에서 알맞은 말을 골라 빈칸을 채워 보세요. 그리고 글에 알맞은 제목과 각 악기를 연주하는 사람들의 모습을 찾아 각각 선으로 이어 보세요.

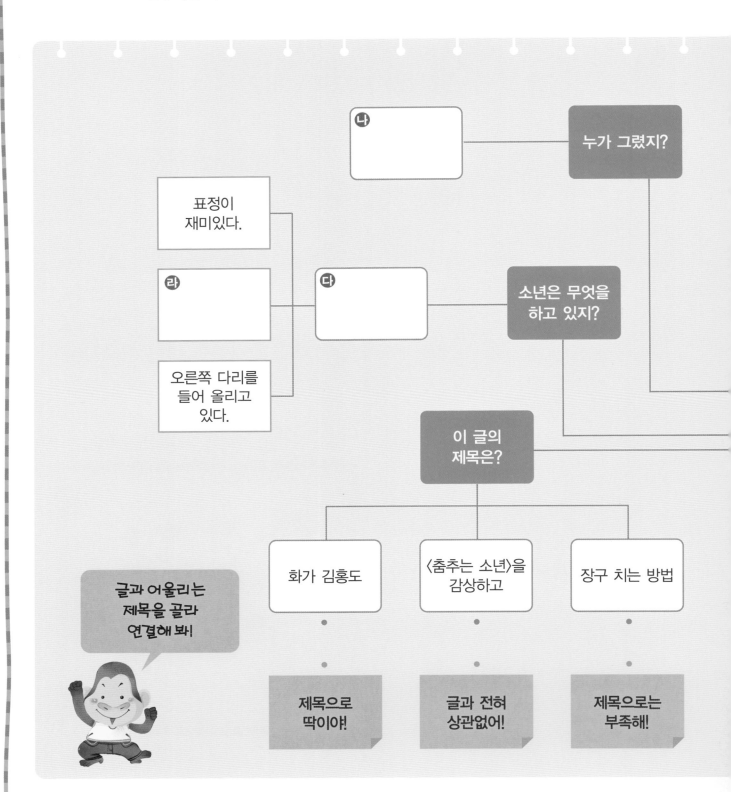

① 춤추는 소년　　　② 악기를 연주하는 사람　　　③ 팔을 위로 올리고 있다.
④ 김홍도　　　⑤ 울고 있다.　　　⑥ 가야금
⑦ 해금　　　⑧ 춤을 추고 있다.

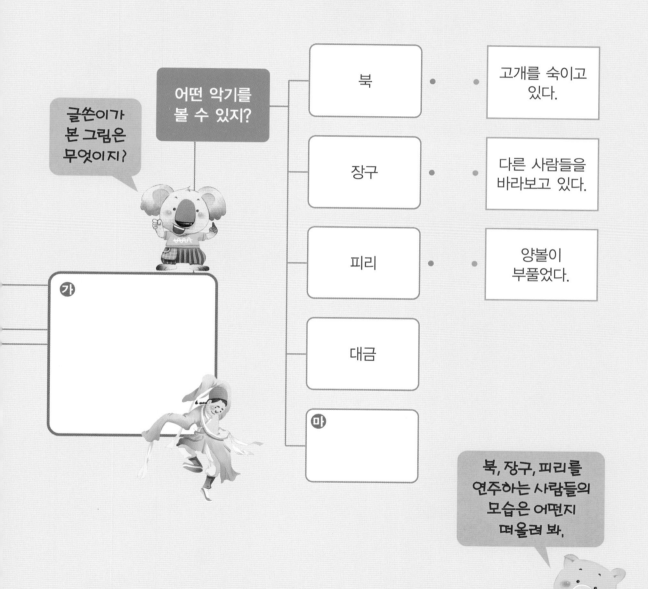

글쓴이가
본 그림은
무엇이지?

가

어떤 악기를
볼 수 있지?

북 ・ ・ 고개를 숙이고
있다.

장구 ・ ・ 다른 사람들을
바라보고 있다.

피리 ・ ・ 양볼이
부풀었다.

대금

마

북, 장구, 피리를
연주하는 사람들의
모습은 어떤지
떠올려 봐.

1 앞에서 나온 그림의 춤추는 소년과 장구 치는 사람, 글쓴이가 공통으로 느끼는 감정을 어떠할까요? 보기 에서 골라 답해 보세요.

보기

| 슬프다. | 힘들다. | 흥겹다. | 지루하다. |

2 다음은 앞의 글을 읽은 친구들의 대화입니다. 가장 바르지 <u>못한</u> 의견을 내고 있는 친구는 누구인가요?

① 그림 감상문을 쓰면 그림을 보고 느낀 점과 알게 된 점을 오래 기억할 수 있어.

② 양볼이 터질 듯 피리를 부는 모습을 상상하니 저절로 웃음이 나와.

③ 글쓴이가 몸이 근질근질해진다는 걸 보니 씻는 걸 싫어하는 아이 같아.

④ 나도 흥겨운 가락을 들으면 글쓴이처럼 어깨를 들썩거릴 때가 있어.

꼼꼼히 집중하여 읽기

글의 갈래	전래 동요
걸린 시간	분　　　초

 오늘 읽어 볼 내용입니다. 차근차근 잘 읽고 문제를 풀어 보세요.

길로길로 가다가

길로길로 가다가 돈 한 푼 주웠네

떡점으로 갈까 엿점으로 갈까

떡점❶으로 가서 떡 두 개를 샀네

보❷에 싸서 짊어지고

개천에 가 먹을랴니까 물귀신이 야암냠

도로 싸서 짊어지고

외양간에 가 먹을랴니까 송아지가 야암냠

도로 싸서 짊어지고

안방에 가 먹을랴니까 처자식이 야암냠

도로 싸서 짊어지고

부엌에 가 먹을랴니까 귀뚜라미가 야암냠

도로 싸서 짊어지고

뒤뜰 안에 가 먹을랴니까 쥐 두 마리가 날롬.

❶ 점 : 가게 또는 상점

❷ 보 : 보자기

다음은 앞에서 읽은 글의 내용을 한눈에 볼 수 있도록 정리한 글밥지도입니다. 보기 에서 알맞은 말을 골라 빈칸을 채워 보세요. 그리고 글쓴이의 마음과 누구를 어디서 만났는지 찾아 각각 선으로 이어 보세요.

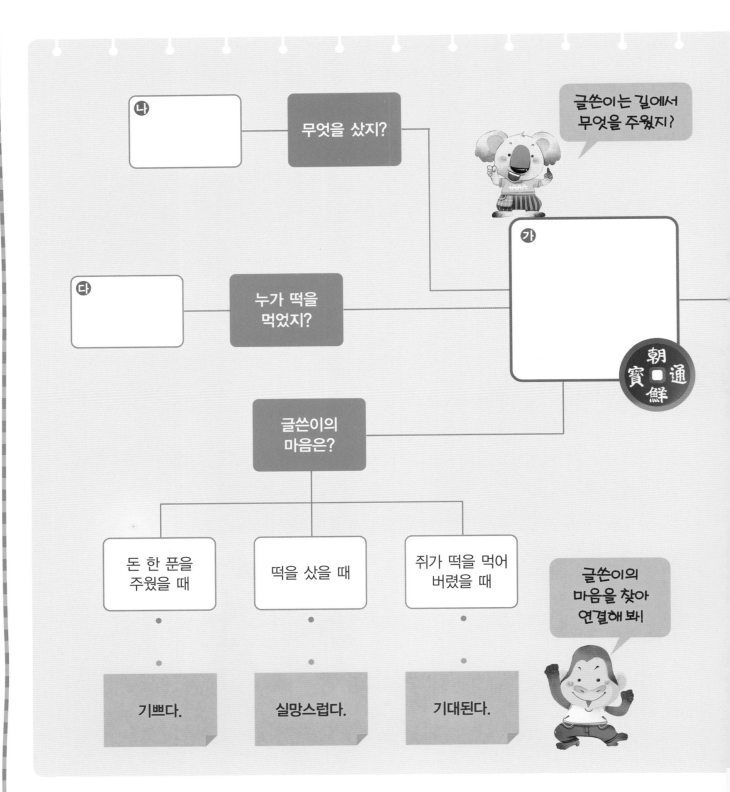

① 떡 두 개   ② 엿 두 개   ③ 돈 한 푼   ④ 지갑
⑤ 쥐 두 마리   ⑥ 송아지   ⑦ 처자식   ⑧ 아저씨

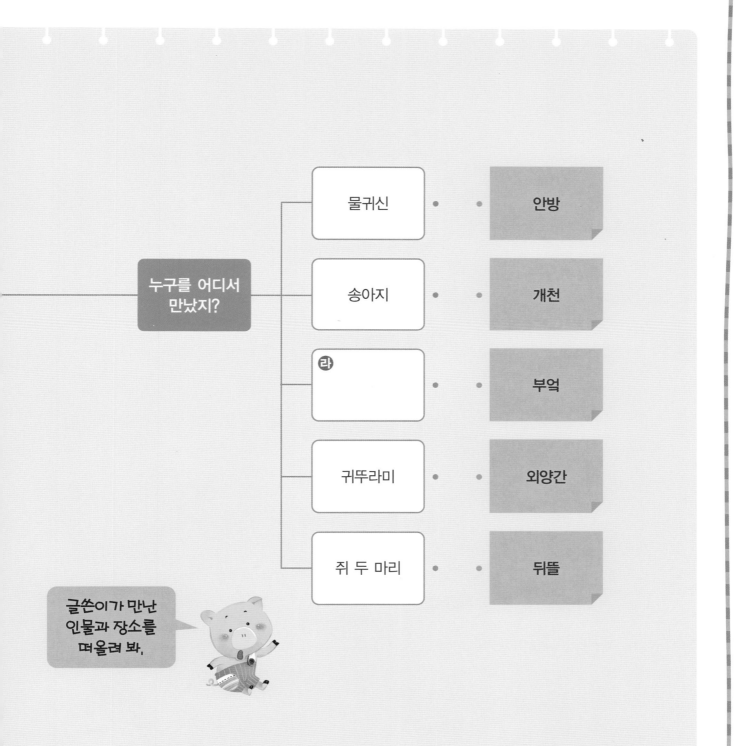

누구를 어디서 만났지?

물귀신 · · 안방

송아지 · · 개천

라 · · 부엌

귀뚜라미 · · 외양간

쥐 두 마리 · · 뒤뜰

글쓴이가 만난 인물과 장소를 떠올려 봐.

1 앞의 시는 떡 한 점을 사서 몰래 먹으려는 모습을 재미있게 표현했습니다. 보기에서 알맞은 말을 골라 〈길로길로 가다가〉를 새롭게 바꾸어 보세요.

외양간에 가 먹을랴니까 송아지가 야암냠

도로 싸서 짊어지고

안방에 가 먹을랴니까 처자식이 야암냠

도로 싸서 짊어지고

[   ]에 가 먹을랴니까 [   ]이(가) 야암냠

도로 싸서 짊어지고

[   ]에 가 먹을랴니까 [   ]이(가) 날룸

보기   운동장   화장실   옥상   마당   친구   강아지   동생   고양이

2 다음은 앞의 글을 읽은 친구들의 대화입니다. 가장 바르지 <u>못한</u> 의견을 내고 있는 친구는 누구인가요?

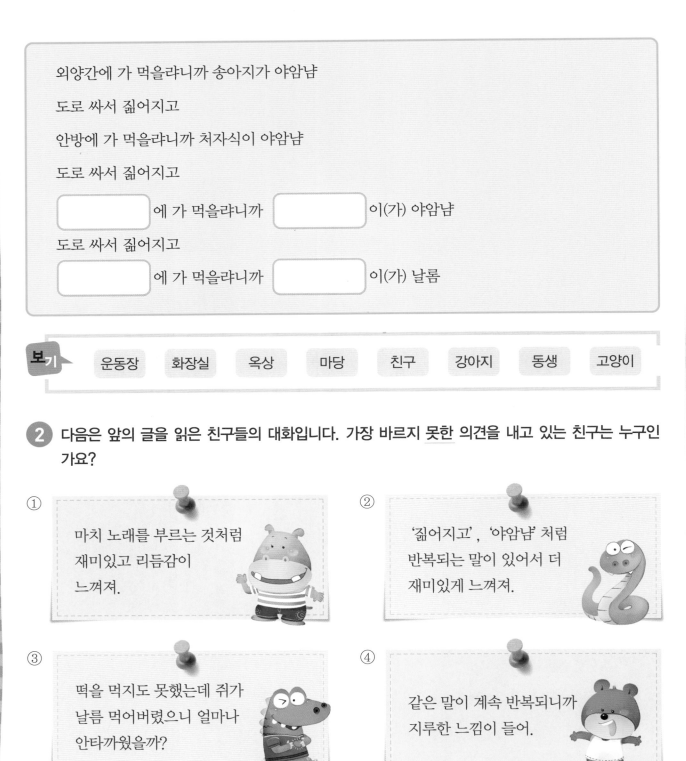

① 마치 노래를 부르는 것처럼 재미있고 리듬감이 느껴져.

② '짊어지고', '야암냠' 처럼 반복되는 말이 있어서 더 재미있게 느껴져.

③ 떡을 먹지도 못했는데 쥐가 날름 먹어버렸으니 얼마나 안타까웠을까?

④ 같은 말이 계속 반복되니까 지루한 느낌이 들어.

15

꼼꼼히 집중하여 읽기

글의 갈래	**일기**
걸린 시간	분 초

 오늘 읽어 볼 내용입니다. 차근차근 잘 읽고, 문제를 풀어 보세요.

20○○년 ○○월 ○○일   날씨 : 해님이 방긋 웃음

오늘은 운동회 날. 내가 청팀 이어달리기 대표 선수로 뛰는 날이다. 나는 오늘을 위해 매일 저녁 아빠와 함께 공원에서 달리기 연습을 했다.

중간 점수를 보니 우리 청팀이 지고 있었다. 드디어 마지막 경기인 이어달리기 차례가 되었다. 나는 가슴이 두근거리고 침이 꼴깍꼴깍 넘어갔다. 손에 땀이 나고 다리도 후들거리는 것 같았다.

드디어 내가 뛸 차례가 되었다. 나는 있는 힘을 다해 달렸다. "와" 하는 친구들의 소리가 들렸다. 내가 앞서 달리던 백팀 선수를 따라잡은 것이다. 나는 더 힘껏 달려 거리를 점점 벌려 놓았고, 내 뒤를 이어 달리던 선수들도 열심히 달려 마침내 우리 청팀이 이겼다. "와, 멋지다. 이경수.", "정말 잘했어." 친구들이 달려와 축하해 주었다.

정말 기분 좋았다. 아빠와 열심히 달리기 연습을 한 보람이 있었다. 앞으로도 달리기 연습을 열심히 해서 내년에도 대표 선수로 뛰어야겠다.

운동회

글밥지도 그리기

다음은 앞에서 읽은 글의 내용을 한눈에 볼 수 있도록 정리한 글밥지도입니다. 보기에서 알맞은 말을 골라 빈칸을 채워 보세요. 그리고 글에 알맞은 제목을 찾아 선으로 이어 보세요.

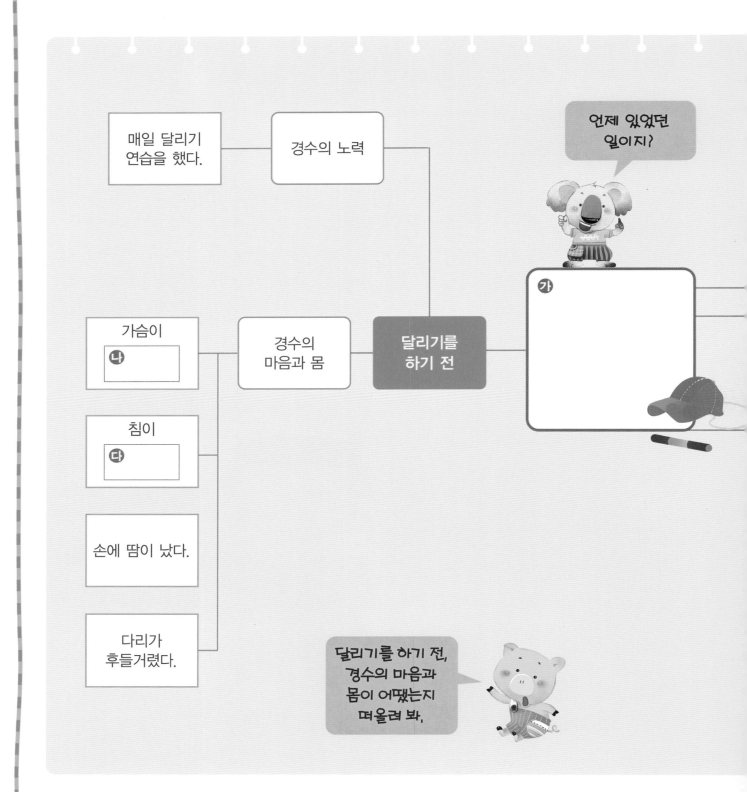

매일 달리기 연습을 했다.

경수의 노력

가슴이 나 [ ]

경수의 마음과 몸

달리기를 하기 전

침이 다 [ ]

손에 땀이 났다.

다리가 후들거렸다.

언제 있었던 일이지?

가

달리기를 하기 전, 경수의 마음과 몸이 어땠는지 떠올려 봐,

❶ 꿀꺽꿀꺽 넘어갔다.　　❷ 달리기 연습　　❸ 두근거렸다.
❹ 기분이 좋았다.　　❺ 운동회 날　　❻ 백팀 선수가 앞질러갔다.
❼ 백팀 선수를 따라잡았다.　　❽ 즐거운 가을 소풍

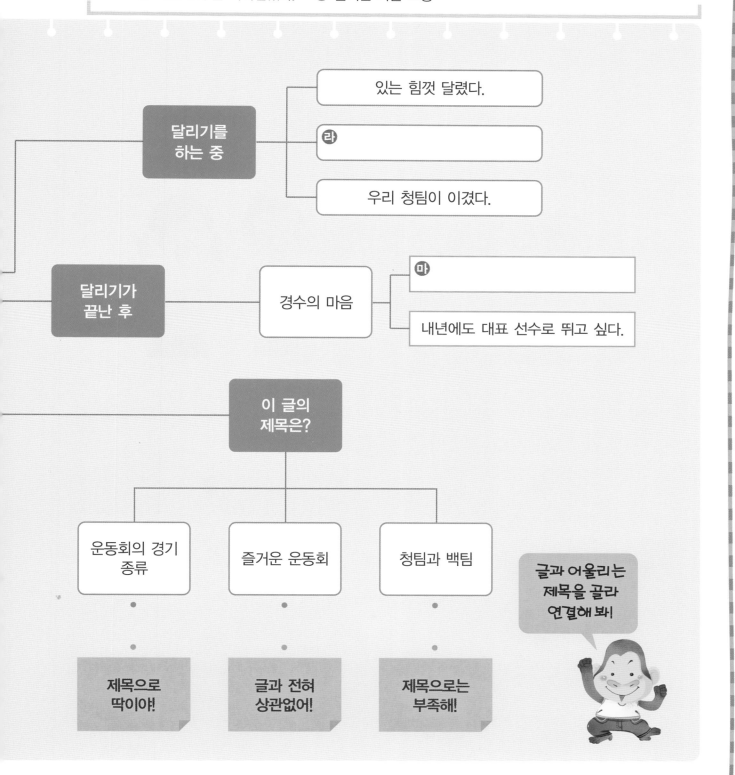

달리기를 하는 중
　있는 힘껏 달렸다.
　라
　우리 청팀이 이겼다.

달리기가 끝난 후
　경수의 마음
　마
　내년에도 대표 선수로 뛰고 싶다.

이 글의 제목은?

운동회의 경기 종류 　　즐거운 운동회　　청팀과 백팀

제목으로 딱이야!　　글과 전혀 상관없어!　　제목으로는 부족해!

글과 어울리는 제목을 골라 연결해 봐!

1 글쓴이가 오늘 있었던 일 가운데 기뻤던 일을 말하고 있습니다. 친구들도 오늘 있었던 일 가운데 기뻤던 일을 말풍선 안에 써 보세요.

이어달리기에서 이겨서 정말 기뻤어.

2 다음은 앞의 글을 읽은 친구들의 대화입니다. 가장 바르지 <u>못한</u> 의견을 내고 있는 친구는 누구인가요?

① 이어달리기를 하는 모습이 머릿속에 생생하게 그려지는 것 같아.

② 나도 달리기를 할 때 손에 땀이 나고 심장이 두근거린 적이 있어.

③ 아빠와 달리기 연습까지 할 필요는 없었어.

④ 나도 달리기 연습을 열심히 해서 운동회에서 1등을 하고 싶어.

16

꼼꼼히 집중하여 읽기

글의 갈래	소개하는 글
걸린 시간	분 초

 오늘 읽어 볼 글입니다. 차근차근 잘 읽고, 문제를 풀어 보세요.

내 방에서 함께 사는 귀여운 동물 친구 햄스터를 소개합니다.

햄스터의 이름은 '보들이'예요. 털이 가늘고 부드러워서 '보들이'라고 부른답니다. 태어난 지 세 달이 지났어요.

보들이는 해바라기 씨, 치즈, 양배추 등을 잘 먹어요. 먹이를 주면 토끼처럼 날카로운 앞니로 갉아먹지요. 먹이를 갉아먹는 모습이 무척 귀엽답니다. 보들이 같은 햄스터들은 평생 앞니가 자라기 때문에 이빨을 갈 수 있는 딱딱한 열매나 나뭇조각을 주어야 해요. 안 그러면 이빨이 너무 길게 자라서 아무것도 먹지 못할 거예요.

보들이는 구멍 난 블록을 좋아해요. 원래 햄스터는 땅속으로 구멍을 파고 들어가 사는 동물이어서 구멍을 좋아하는 거래요. 그래서 가끔 마른 풀을 깔아 놓은 바닥을 파는 시늉①을 하기도 해요.

보들이는 나와 반대로 생활해요. 낮에는 쿨쿨 자고, 밤이 되면 활발하게 움직이거든요. 그래도 귀가 아주 밝아서 내가 햄스터 집을 톡톡 치면 고개를 쑥 내밀고 입을 실룩거려요.

내 친구 보들이를 많이 사랑해 주세요.

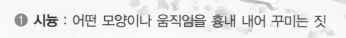

① **시늉** : 어떤 모양이나 움직임을 흉내 내어 꾸미는 짓

글밥지도
그리기

다음은 앞에서 읽은 글의 내용을 한눈에 볼 수 있도록 정리한 글밥지도입니다. 보기
에서 알맞은 말을 골라 빈칸을 채워 보세요. 그리고 글에 알맞은 제목과 햄스터의
특징을 찾아 선으로 이어 보세요.

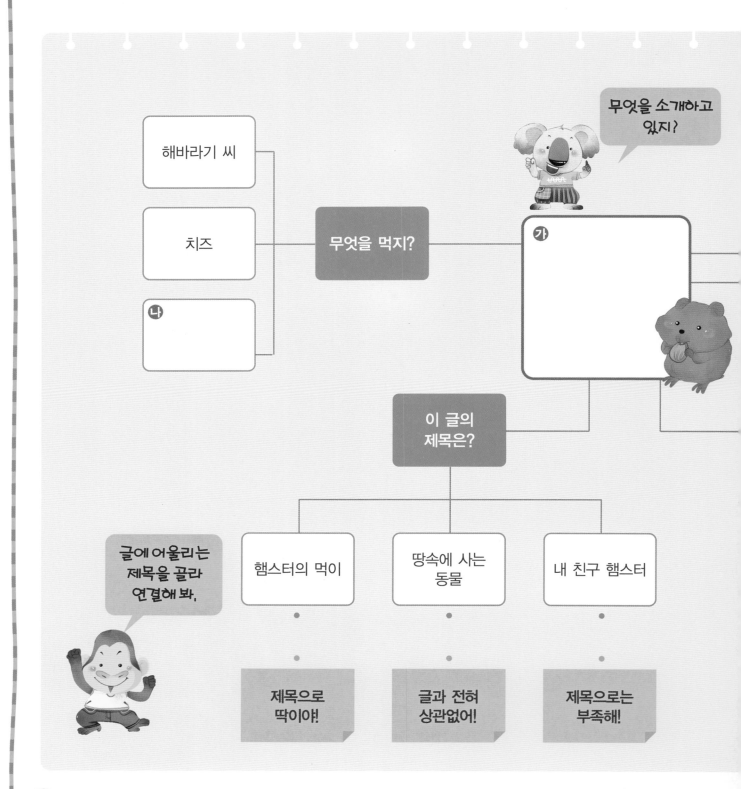

무엇을 소개하고 있지?

해바라기 씨

치즈

무엇을 먹지?

가

나

이 글의 제목은?

글에 어울리는 제목을 골라 연결해 봐.

햄스터의 먹이

땅속에 사는 동물

내 친구 햄스터

제목으로 딱이야!

글과 전혀 상관없어!

제목으로는 부족해!

보기
1 토끼　　　2 햄스터 '보들이'　　　3 나뭇조각　　　4 양배추
5 구멍 난 블록　　　6 쿨쿨 잠을 잔다.　　　7 활발하게 움직인다.　　　8 바닥을 긁는다.

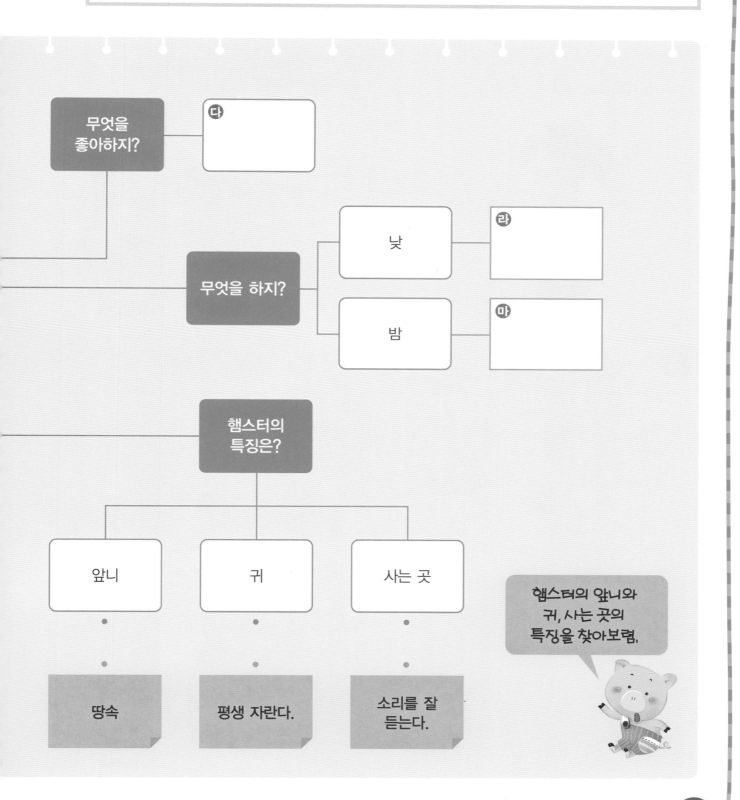

무엇을
좋아하지? — 다

무엇을 하지? — 낮 — 라
　　　　　　　 밤 — 마

햄스터의
특징은?

앞니　　　귀　　　사는 곳

땅속　　　평생 자란다.　　　소리를 잘
　　　　　　　　　　　　　　　듣는다.

햄스터의 앞니와
귀, 사는 곳의
특징을 찾아보렴.

79

1 글쓴이는 햄스터를 키우고 있습니다. 친구들은 어떤 애완동물을 키우고 싶은 지 보기 에서 골라 답해 보세요. 또, 애완동물의 이름도 지어 보세요.

햄스터 '보들이' 라고 해.

① 키우고 싶은 애완동물

② 짓고 싶은 이름

보기   이구아나   토끼   금붕어   강아지   고양이   거미   햄스터   돼지

2 다음은 앞의 글을 읽은 친구들의 대화입니다. 가장 바르지 <u>못한</u> 의견을 내고 있는 친구는 누구인 가요?

① '보들이' 는 이름처럼 털이 보들보들할 것 같아. 한번 만져 보고 싶어.

② 햄스터에게 딱딱한 나뭇조각 을 주면 안 되겠어.

③ 글쓴이는 햄스터의 특징과 햄스터에 대한 사랑을 잘 나타냈어.

④ 이 글을 읽고 햄스터에 대해 몰랐던 것들을 많이 알게 되었어.

 오늘 읽어 볼 글입니다. 차근차근 잘 읽고, 문제를 풀어 보세요.

옛날, 산속 집으로 가던 할아버지는 덫에 걸려 피를 흘리고 있는 학 한 마리를 구해 주었어요. 그날 밤, 하얀 옷을 입은 아가씨가 찾아왔어요. 아가씨는 산속에서 길을 잃었다고 했어요. 할아버지는 할머니의 반대에도 불구하고 아가씨를 집으로 들어오게 했어요. 아가씨는 할아버지와 할머니를 위해 집안일을 도우며 며칠 동안 집에 머물렀어요.

어느 날, 아가씨는 할아버지와 할머니께 말했어요.

"아름다운 베를 짜서 할아버지와 할머니께 은혜를 갚고 싶어요. 대신 제가 베를 짜는 동안 절대로 방 안을 보시면 안 돼요."

아가씨는 며칠 동안 방 안에서 꼼짝 않고 베를 짰어요. 할머니는 궁금해서 견딜 수가 없었어요. 몰래 방 안을 엿본 할머니는 깜짝 놀랐어요. 학이 날개에 있는 깃털을 뽑아 베를 짜고 있었던 거예요.

"저는 할아버지께서 구해 주셨던 학이에요. 할아버지께 은혜를 갚고 싶었는데, 할머니께서 제 모습을 보셨기 때문에 저는 이곳에 머물 수 없어요."

말이 끝나자 학은 하늘로 날아가 버렸어요.

❶ 덫 : 동물을 잡는 기구
❷ 베 : 옷감 또는 천

다음은 앞에서 읽은 글의 내용을 한눈에 볼 수 있도록 정리한 글밥지도입니다. 보기에서 알맞은 말을 골라 빈칸을 채워 보세요. 그리고 글에 알맞은 제목과 일이 일어난 순서를 찾아 선으로 이어 보세요.

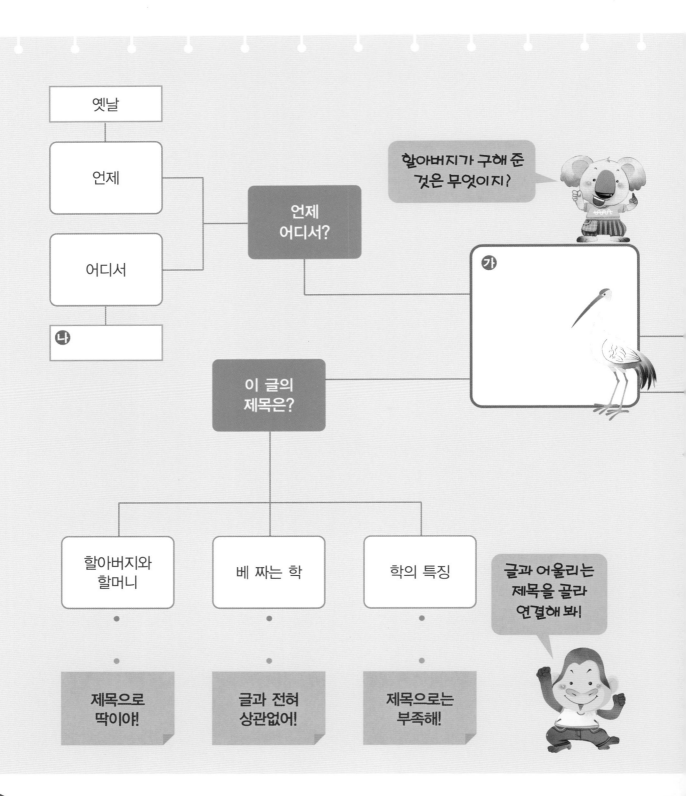

보기

1 할머니   2 학   3 산속   4 바닷가

5 마음씨가 착하다.   6 심술궂다.   7 할아버지   8 할머니

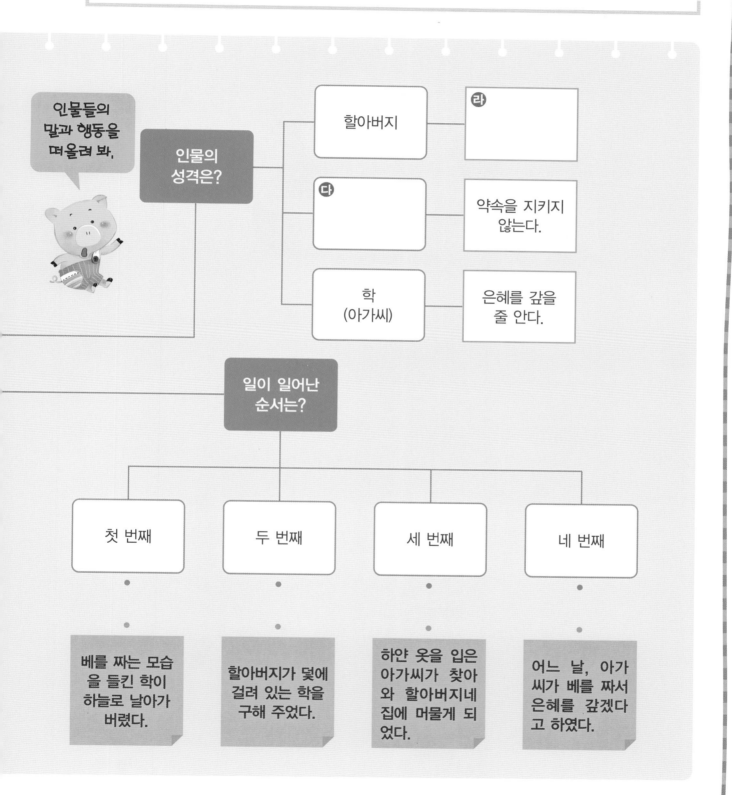

인물들의 말과 행동을 떠올려 봐,

인물의 성격은?

할아버지

라

다

약속을 지키지 않는다.

학 (아가씨)

은혜를 갚을 줄 안다.

일이 일어난 순서는?

첫 번째 | 두 번째 | 세 번째 | 네 번째

베를 짜는 모습을 들킨 학이 하늘로 날아가 버렸다.

할아버지가 덫에 걸려 있는 학을 구해 주었다.

하얀 옷을 입은 아가씨가 찾아와 할아버지네 집에 머물게 되었다.

어느 날, 아가씨가 베를 짜서 은혜를 갚겠다고 하였다.

끄덕끄덕
공감하기

1 학이 하늘로 날아간 후, 할아버지와 할머니가 이야기를 나누고 있습니다. 할아버지와 할머니의 마음은 어땠을지 보기 에서 골라 답해 보세요.

은혜를 갚으려고 이 먼 곳까지 찾아왔던 모양이오.

제가 약속을 어겨서 학이 날아가 버렸으니 어쩌면 좋아요?

① 할아버지의 마음은?

② 할머니의 마음은?

보기

미안하다.　　　짜증스럽다.　　　고맙다.　　　부럽다.

2 다음은 앞의 글을 읽은 친구들의 대화입니다. 가장 바르지 <u>못한</u> 의견을 내고 있는 친구는 누구인가요?

① 학은 자신을 구해 준 할아버지께 은혜를 갚기 위해 찾아온 거야.

② 약속을 지키지 않은 할머니 때문에 학이 날아갔을 때, 할머니가 원망스러웠어.

③ 학이 베를 짠다는 건 말도 안 돼. 이렇게 꾸며 쓴 이야기는 안 읽는 게 좋아.

④ 학은 깃털로 베를 짠 거구나. 깃털을 뽑을 때 얼마나 아팠을까?

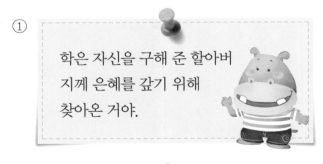
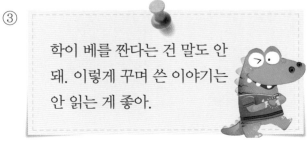

꼼꼼히 집중하여 읽기

글의 갈래	**편지글**
걸린 시간	분 초

 오늘 읽어 볼 글입니다. 차근차근 잘 읽고, 문제를 풀어 보세요.

승지에게

승지야, 안녕? 넘어져서 다친 곳은 괜찮니?

승지야, 오늘 점심시간에 너에게 도둑이라고 말해서 정말 미안해. 내가 아끼는 지우개를 필통에 넣어 두었는데 점심시간이 끝나고 들어와 보니 지우개가 없어졌어. 책상 아래랑 의자 밑까지 구석구석 다 찾아보았지만 지우개가 없어서 정말 속상했어. 그런데 그때 네가 내 지우개를 갖고 싶어 했던 게 생각났어. 그래서 네가 내 지우개를 가져갔다고 오해했어. 너에게 물어보지도 않고 다짜고짜 도둑이라고 말해서 정말 미안해. 수업이 끝나고 집에 오는데 짝꿍 혜림이가 내 지우개를 내밀었어. 틀린 글씨를 지우려고 잠깐 내 지우개를 가져갔었대. 내가 너에게 도둑이라고 하는 바람에 무서워서 주지 못했대.

승지야, 너를 오해하고 함부로 말한 것 정말 미안해. 나를 용서해 줘. 그리고 너에게 주려고 내 것과 똑같은 지우개를 샀어. 너와 다시 친하게 지냈으면 좋겠어. 우리 우정 변하지 말자.

○○월 ○○일
너의 단짝 친구 재범이가

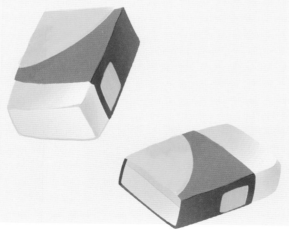

 **글밥지도 그리기**

다음은 앞에서 읽은 글의 내용을 한눈에 볼 수 있도록 정리한 글밥지도입니다. [보기]에서 알맞은 말을 골라 빈칸을 채워 보세요. 그리고 재범이의 마음을 찾아 선으로 이어 보세요.

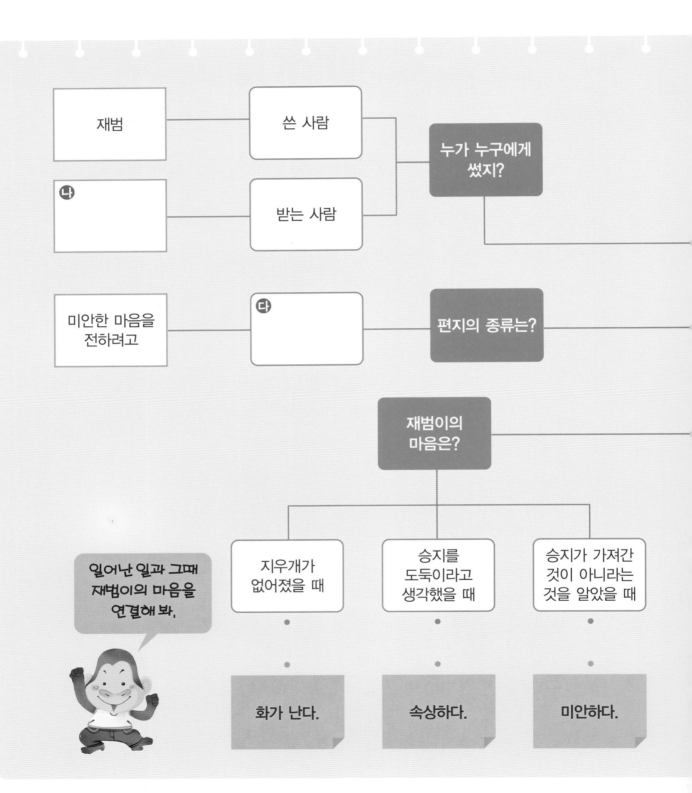

보기

① 필통   ② 지우개   ③ 승지   ④ 안부 편지

⑤ 오늘 점심시간   ⑥ 어제 점심시간   ⑦ 혜림   ⑧ 사과 편지

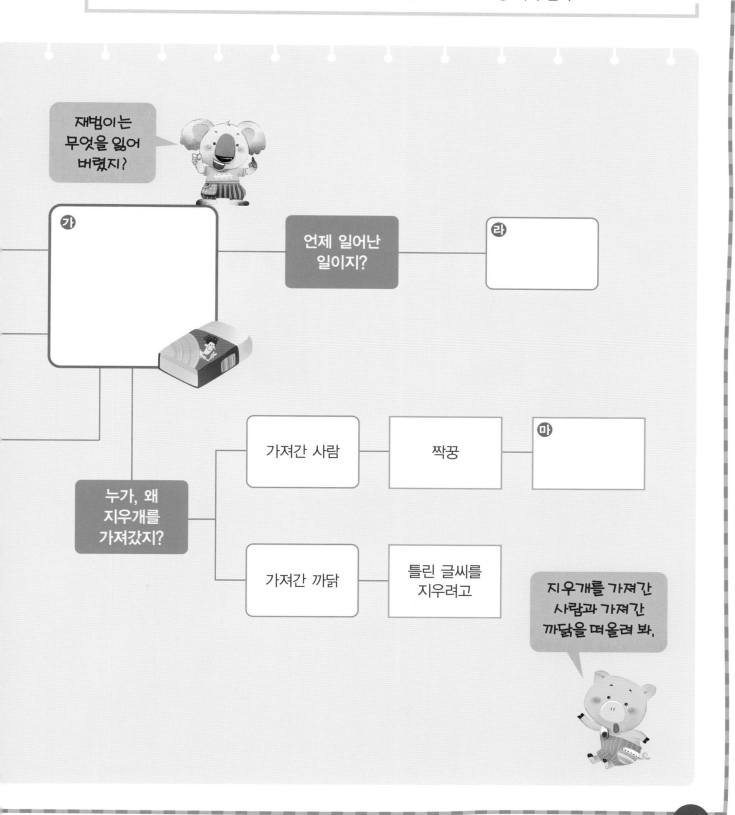

재범이는 무엇을 잃어버렸지?

가

언제 일어난 일이지?

라

누가, 왜 지우개를 가져갔지?

가져간 사람 ── 짝꿍 ── **마**

가져간 까닭 ── 틀린 글씨를 지우려고

지우개를 가져간 사람과 가져간 까닭을 떠올려 봐.

1 앞의 편지는 재범이가 승지에게 미안하다는 말을 전하기 위해 쓴 것입니다. 승지는 이 편지를 읽고 재범이에게 어떤 말을 했을지 말풍선 안에 써 보세요.

> 승지야,
> 너를 오해하고 도둑이라고
> 말해서 정말 미안해.

2 다음은 앞의 글을 읽은 친구들의 대화입니다. 가장 바르지 <u>못한</u> 의견을 내고 있는 친구는 누구인 가요?

① 진짜 도둑은 혜림이었네. 친구의 지우개를 훔치다니 혜림이는 정말 나빠.

② 나도 친구를 오해해서 크게 싸운 적이 있어. 그 친구에게 정말 미안했어.

③ 늦었지만 자기가 지우개를 가져갔다고 솔직하게 말해 준 혜림이의 용기도 칭찬해 주고 싶어.

④ 승지가 재범이의 사과를 받아들이고 더 친한 친구가 되었으면 좋겠어.

19 꼼꼼히 집중하여 읽기

글의 갈래	**부탁하는 글**
걸린 시간	분 초

 오늘 읽어 볼 글입니다. 차근차근 잘 읽고, 문제를 풀어 보세요.

구청장님, 학교 앞에 신호등을 만들어 주세요.

학교 앞에 신호등이 없어서 위험할 때가 무척 많아요. 등교할 때에는 어머니회에서 길을 안전하게 건널 수 있게 도와주시지만 하교할 때에는 길을 건널 수 있게 도와주시는 분이 없어요. 운전자들은 우리가 길을 건너려고 횡단보도 앞에 서 있어도 속도를 줄이지 않고 빠르게 지나가요. 학교 앞에서는 천천히 가야 한다는 것을 모르나 봐요. 그래서 길을 건너는 게 무서워요.

지난주에는 1학년 아이가 교통사고를 당했어요. 차가 오는지 잘 확인하지 않고 건넌 아이에게도 잘못이 있지만 학교 앞인데도 속도를 줄이지 않은 운전자에게도 잘못이 있다고 생각해요. 우리는 키가 작아서 운전자들에게 잘 보이지 않아요. 그리고 친구들과 장난을 치면서 걷다 보면 차가 오는지 확인하는 것을 깜박 잊고 길을 건널 때도 많아요. 우리가 여기저기에서 불쑥 튀어나올 수도 있기 때문에 운전자들에게도 위험해요.

우리가 안전하게 길을 건널 수 있도록 학교 앞에 신호등을 꼭 만들어 주세요.

다음은 앞에서 읽은 글의 내용을 한눈에 볼 수 있도록 정리한 글밥지도입니다. 보기 에서 알맞은 말을 골라 빈칸을 채워 보세요. 그리고 알맞은 제목을 찾아 선으로 이어 보세요.

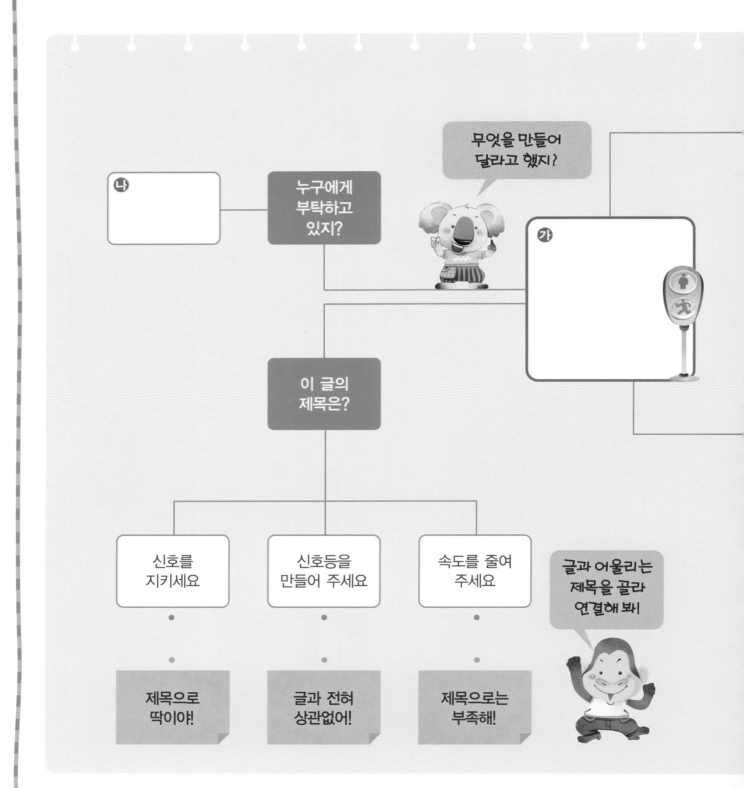

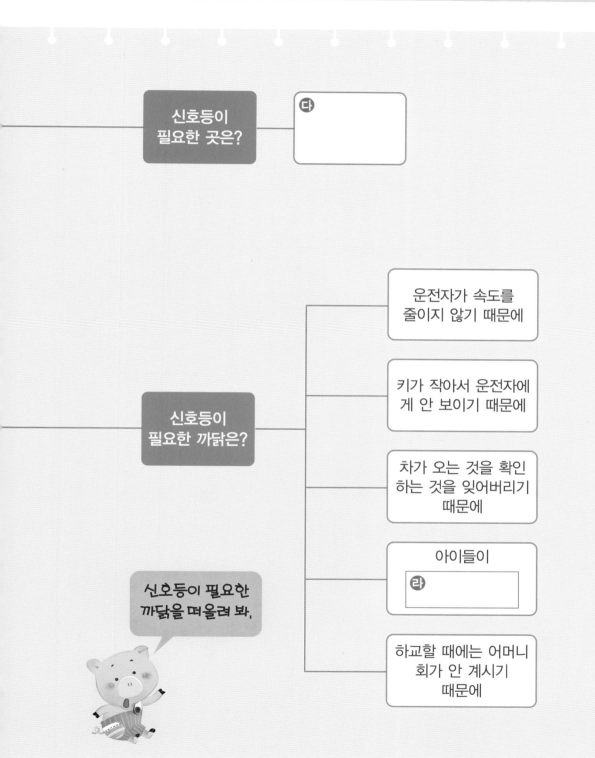

신호등이
필요한 곳은?

다

신호등이
필요한 까닭은?

운전자가 속도를
줄이지 않기 때문에

키가 작아서 운전자에
게 안 보이기 때문에

차가 오는 것을 확인
하는 것을 잊어버리기
때문에

아이들이

라

하교할 때에는 어머니
회가 안 계시기
때문에

신호등이 필요한
까닭을 떠올려 봐.

1 글쓴이는 운전자들에게 다음과 같이 부탁하려고 합니다. 글쓴이가 어떤 까닭을 들면 좋을지 알맞은 것을 찾아 ○표 해 보세요.

부탁	학교 앞에서는 속도를 줄여 주세요.
까닭	① 학교 앞에는 아이들이 많이 있어서 위험해요. 여기저기에서 아이들이 튀어나올 수도 있어요. ☐
	② 어머니회에서 우리들이 안전하게 길을 건널 수 있도록 도와주세요. ☐
	③ 우리들은 친구들과 사이좋게 함께 길을 건너는 것을 좋아해요. ☐

2 다음은 앞의 글을 읽은 친구들의 대화입니다. 가장 바르지 <u>못한</u> 의견을 내고 있는 친구는 누구인가요?

① 이 글을 읽고 학교 앞에 왜 신호등이 필요한지 알았어. 꼭 신호등을 만들어 주었으면 좋겠어.

② 운전자들이 학교 앞을 지날 때에는 조심해서 운전해야 해.

③ 나도 신호등이 없는 길을 건널 때 차들이 빨리 달려서 무서운 적이 많았어.

④ 1학년 아이가 교통사고를 당한 것은 모두 1학년 아이의 잘못이야.

오늘 읽어 볼 글입니다. 차근차근 잘 읽고, 문제를 풀어 보세요.

동물원에서 기린을 보았다. 동물도감에서만 보던 기린을 실제로 보니 신기하고 놀라웠다.

목이 긴 기린은 키가 커서 멀리 볼 수 있고, 멀리서 나는 냄새도 잘 맡는다고 한다. 기린의 이마에는 한 쌍의 작은 뿔이 짧은 털로 덮여 있었고 작은 혹 같은 게 볼록 솟아 있었다. 기린은 혀도 정말 길었다. 긴 혀를 쑥 내밀어 높은 나뭇가지에 달린 잎사귀를 뜯어 먹었다. 그리고 온몸에 멋진 얼룩무늬가 있었다. 얼핏 보기에는 다 똑같아 보이지만 기린의 얼룩무늬는 사람의 지문처럼 기린마다 다 다르다고 한다. 또 얼룩무늬는 기린의 몸을 보호하는 색이라고 한다. 멀리서 보면 무늬가 어른거려 적이 알아채지 못한다는 것이다. 엉덩이에는 길고 끝이 검은색인 꼬리가 달려 있었는데, 파리가 다가오자 날쌔게 꼬리를 흔들어 파리를 쫓았다.

그런데 키가 너무 커서 안 좋은 점도 있는 것 같다. 한번 앉으면 일어나기 힘들어했다. 또, 물을 마시려면 앞발을 쭉 벌리고 고개를 숙여야 했다. 그런 기린의 모습을 보니 체육 시간에 다리 벌리기를 했던 기억이 떠올라 한참을 웃었다. 기린과 친구가 되었으면 좋겠다.

글밥지도 그리기

다음은 앞에서 읽은 글의 내용을 한눈에 볼 수 있도록 정리한 글밥지도입니다. 보기 에서 알맞은 말을 골라 빈칸을 채워 보세요. 그리고 글에 알맞은 제목을 찾아 선으로 이어 보세요.

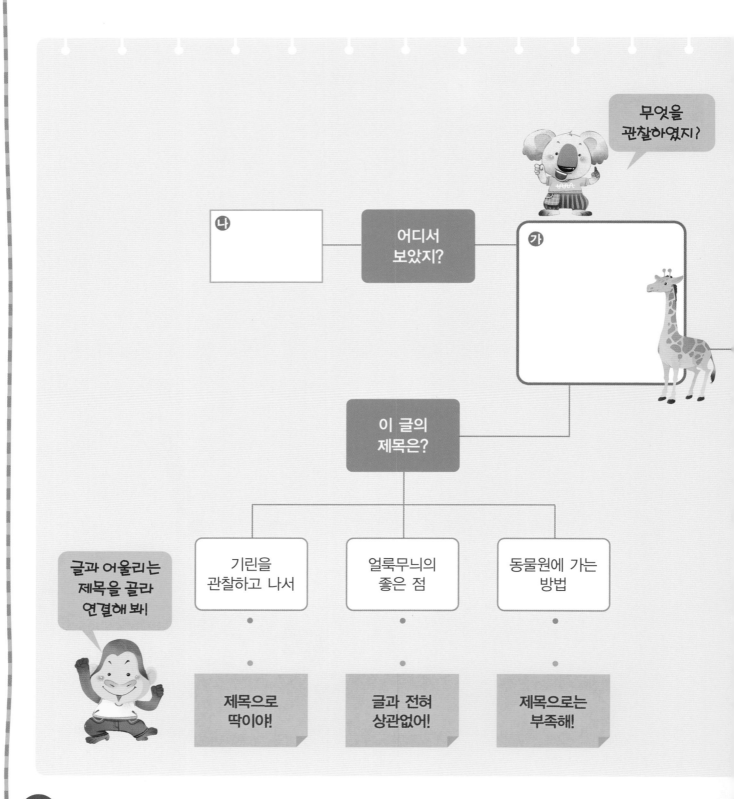

무엇을 관찰하였지?

나

어디서 보았지?

가

이 글의 제목은?

글과 어울리는 제목을 골라 연결해 봐!

기린을 관찰하고 나서

얼룩무늬의 좋은 점

동물원에 가는 방법

제목으로 딱이야!

글과 전혀 상관없어!

제목으로는 부족해!

① 기린　　② 동물원　　③ 매우 짧다.　　④ 매우 길다.
⑤ 얼룩무늬　　⑥ 줄무늬　　⑦ 노란색　　⑧ 검은색

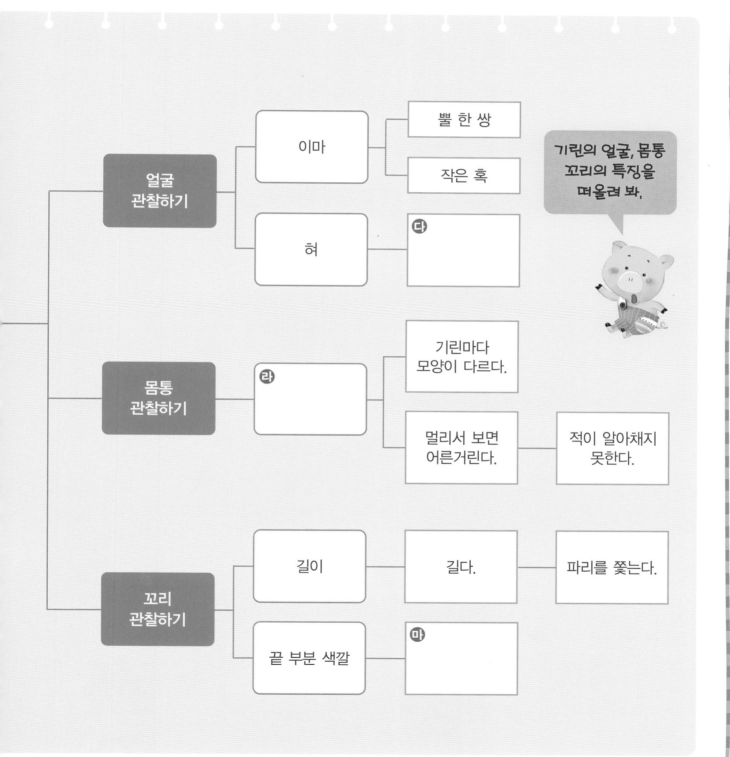

얼굴
관찰하기

이마
ㅡ 뿔 한 쌍
ㅡ 작은 혹

혀
ㅡ ㉡

기린의 얼굴, 몸통
꼬리의 특징을
떠올려 봐.

몸통
관찰하기

㉢
ㅡ 기린마다
모양이 다르다.
ㅡ 멀리서 보면
어른거린다. ㅡ 적이 알아채지
못한다.

꼬리
관찰하기

길이 ㅡ 길다. ㅡ 파리를 쫓는다.

끝 부분 색깔 ㅡ ㉣

95

1 앞의 글을 읽고, 기린이 키가 커서 좋은 점과 나쁜 점을 정리하려고 합니다. 보기에서 골라 답해 보세요.

좋은 점	나쁜 점

멀리 볼 수 있다.	앉았다 일어나기 힘들다.
다리를 벌리고 물을 먹어야 한다.	높은 곳에 달린 잎을 따 먹을 수 있다.

2 다음은 앞의 글을 읽은 친구들의 대화입니다. 가장 바르지 <u>못한</u> 의견을 내고 있는 친구는 누구인가요?

① 사람의 지문처럼 기린마다 얼룩무늬가 다르다는 게 신기해.

② 기린이 다리를 옆으로 벌리고 물을 먹는 모습을 상상하니 재미있어.

③ 기린은 온몸에 얼룩무늬가 있어서 적의 눈에 쉽게 띌 거야.

④ 기린은 목이랑 혀, 꼬리가 길구나. 나도 실제로 기린을 보고 싶어.

꼼꼼히 집중하여 읽기

글의 갈래 | **이야기 글**

걸린 시간 | 분 초

 오늘 읽어 볼 글입니다. 차근차근 잘 읽고, 문제를 풀어 보세요.

아득한 옛날, 하느님이 동물들을 모아 놓고 말했어요.

"새해 아침, 하늘나라 문에 일찍 도착한 순서대로 신으로 만들어 주겠노라. 단 열두 마리까지니라."

그날부터 동물들은 너도나도 달리기 연습을 했어요. 그런데 소가 곰곰이 생각해 보니 달리기 경주라면 영 자신이 없었어요. 말이나 개, 호랑이에게는 어림도 없고, 양과 토끼에게도 이길 가능성이 없어 보였거든요. 그래서 소는 다른 동물들이 다 잠든 그믐날 밤에 서둘러 길을 떠났어요.

소는 열심히 걸어 새해 아침 동이 틀 무렵 하늘나라 문 앞에 도착했어요. 그때였어요. "잠시 실례!" 하는 소리와 함께 소 등에서 무언가가 폴짝 뛰어내리더니 하늘나라 문으로 쪼르르 들어가는 것이 아니겠어요? 그것은 바로 쥐였어요. 눈치 빠른 쥐는 소가 일찍 떠나는 것을 보고 잽싸게 소 등에 올라탄 것이었어요. 소는 억울했지만 어쩔 수가 없었어요.

쥐와 소의 뒤를 이어 호랑이, 토끼, 용, 뱀, 말, 양, 원숭이, 닭, 개, 돼지가 차례차례 하늘나라 문으로 들어왔어요. 이렇게 해서 하늘나라에는 열두 마리 동물 신이 탄생했답니다.

❶ **가능성** : 어떤 일이 있을 수 있거나 일어날 수 있는 일

❷ **그믐날** : 음력으로 그달의 마지막 날

글밥지도 그리기

다음은 앞에서 읽은 글의 내용을 한눈에 볼 수 있도록 정리한 글밥지도입니다. 보기 에서 알맞은 말을 골라 빈칸을 채워 보세요. 그리고 알맞은 제목을 찾아 선으로 이어 보세요.

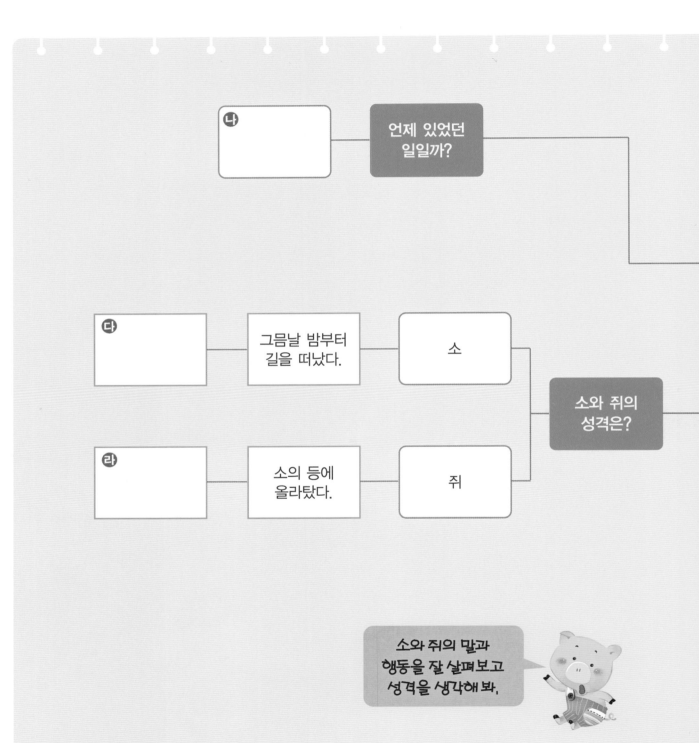

나

언제 있었던 일일까?

다

그믐날 밤부터 길을 떠났다.

소

라

소의 등에 올라탔다.

쥐

소와 쥐의 성격은?

소와 쥐의 말과 행동을 잘 살펴보고 성격을 생각해 봐.

보기

❶ 하늘나라 문 ❷ 열두 마리 동물 신 ❸ 새해 아침 ❹ 열심히 노력한다.
❺ 약삭빠르다. ❻ 쥐 ❼ 고양이 ❽ 돼지

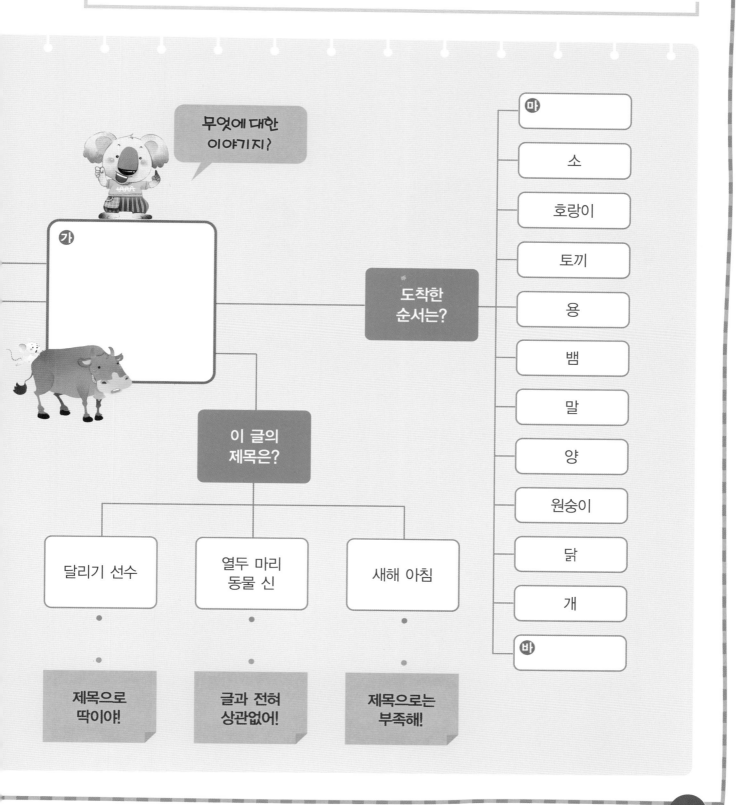

무엇에 대한 이야기지?

가

도착한 순서는?

마

소

호랑이

토끼

용

뱀

말

양

원숭이

닭

개

바

이 글의 제목은?

달리기 선수

열두 마리 동물 신

새해 아침

제목으로 딱이야!

글과 전혀 상관없어!

제목으로는 부족해!

1 앞의 글에서 소는 2등을 했고, 소의 등에 탄 쥐는 1등을 했습니다. 소와 쥐에게 어떤 말을 해 주고 싶은지 말풍선 안에 써 보세요.

2 다음은 앞의 글을 읽은 친구들의 대화입니다. 가장 바르지 못한 의견을 내고 있는 친구는 누구인가요?

① 하늘나라 문에 도착한 순서대로 동물 신이 정해졌구나.

② 열두 마리 동물 신의 순서를 알면 다음 해에는 무슨 띠가 될지 알 수 있겠군.

③ 같은 띠가 13년에 한 번씩 돌아오겠구나. 올해가 소띠면 13년 후에 소띠가 되는 거지.

④ 쥐에게 1등을 놓친 소는 얼마나 억울했을까? 쥐가 얄밉게 느껴져.

꼼꼼히 집중하여 읽기

글의 갈래	**설명하는 글**
걸린 시간	분 초

 오늘 읽어 볼 글입니다. 차근차근 잘 읽고, 문제를 풀어 보세요.

　우리나라는 명절도 많고 그때마다 만들어 먹는 음식도 다양해요. 명절을 대표하는 음식에는 어떤 것들이 있을까요?

　설날에는 떡국을 끓여 먹었어요. 떡국에는 희고 긴 가래떡처럼 깨끗한 마음가짐을 갖고, 오래오래 살라는 뜻이 담겨 있어요. 정월 대보름에는 부럼과 아홉 가지 나물, 오곡밥을 먹었어요. 땅콩, 호두, 잣과 같이 딱딱한 껍데기를 가진 부럼을 이로 깨물어 먹으면 일 년 동안 종기나 부스럼 같은 피부병이 생기지 않는다고 믿었지요. 또, 쌀, 조, 콩, 수수, 팥 등 다섯 가지 곡식을 섞어서 밥을 지어 먹으며 건강과 풍년을 빌었어요. 예전에는 큰 명절이었지만 지금은 잊혀 가고 있는 단오에는 수리취떡을 먹었어요. 수리취떡은 '취' 라는 풀을 넣어 만들어서 떡 색깔이 녹색이에요. 수리취떡은 둥근 수레바퀴 모양으로 만들었어요. 예전에는 수레가 아주 중요한 농사 기구였기 때문이에요. 추석에는 반달 모양의 송편을 만들어 먹었어요. 송편을 찔 때에 솔잎을 깔고 찌기 때문에 '솔떡' 이라고 부르기도 했어요. 송편 속에는 깨, 콩, 팥, 밤 등을 넣어 무척 맛있답니다.

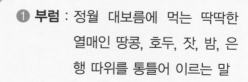

❶ **부럼** : 정월 대보름에 먹는 딱딱한 열매인 땅콩, 호두, 잣, 밤, 은행 따위를 통틀어 이르는 말

다음은 앞에서 읽은 글의 내용을 한눈에 볼 수 있도록 정리한 글밥지도입니다. 보기 에서 알맞은 말을 골라 빈칸을 채워 보세요. 그리고 글에 알맞은 제목을 찾아 선으로 이어 보세요.

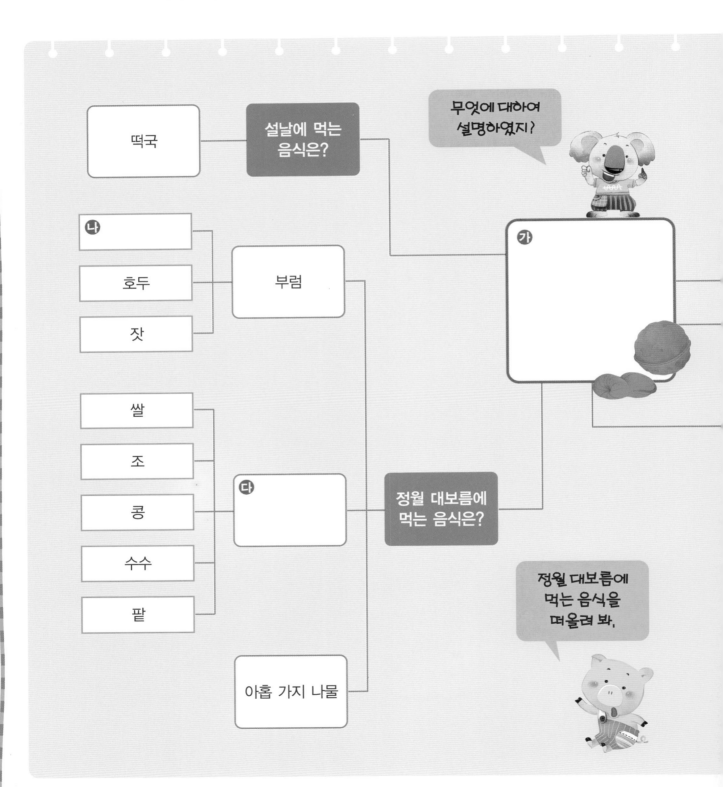

보기
① 명절에 하는 놀이　② 콩밥　③ 오곡밥　④ 땅콩
⑤ 명절에 먹는 음식　⑥ 가래떡　⑦ 수리취떡　⑧ 송편

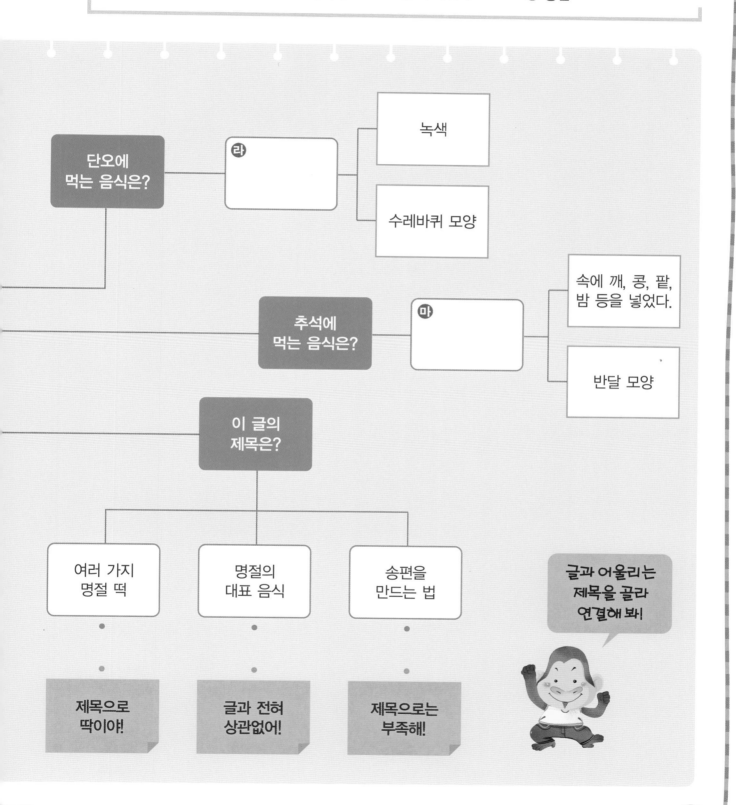

단오에 먹는 음식은?

라

녹색

수레바퀴 모양

추석에 먹는 음식은?

마

속에 깨, 콩, 팥, 밤 등을 넣었다.

반달 모양

이 글의 제목은?

여러 가지 명절 떡

명절의 대표 음식

송편을 만드는 법

글과 어울리는 제목을 골라 연결해 봐!

제목으로 딱이야!

글과 전혀 상관없어!

제목으로는 부족해!

1 다음은 명절 음식에 담긴 뜻을 설명한 것입니다. 어떤 음식에 대한 설명인지 보기에서 골라 답해 보세요.

① 	② 	③ 
이로 깨물어 먹으면 일 년 동안 종기나 부스럼 같은 피부병이 생기지 않는다고 믿었다.	희고 긴 가래떡처럼 정갈한 마음가짐을 갖고, 가래떡처럼 오래오래 살라는 뜻이 담겨 있다.	둥근 수레바퀴 모양을 찍어 냈는데, 예전에는 수레가 아주 중요한 농사 기구였기 때문이다.

보기   부럼   오곡밥   수리취떡   떡국

2 다음은 앞의 글을 읽은 친구들의 대화입니다. 가장 바르지 <u>못한</u> 의견을 내고 있는 친구는 누구인가요?

① 단오라는 명절이 점점 잊혀 가고 있어 안타까워.

② 오곡밥은 다섯 가지 나물을 섞어 지은 밥이야. 밥과 나물을 함께 먹을 수 있는 영양식이지.

③ 설날, 정월 대보름, 단오, 추석 외에 또 어떤 명절이 있는지 책에서 더 찾아봐야겠어.

④ 추석 때 가족들과 둘러앉아 송편을 빚었던 생각이 나. 나는 깨가 든 송편이 제일 좋아.

꼼꼼히 집중하여 읽기

글의 갈래	**기행문**
걸린 시간	분 초

 오늘 읽어 볼 글입니다. 차근차근 잘 읽고, 문제를 풀어 보세요.

지난달, 우리 가족은 경상도로 여행을 다녀왔다. 월요일 새벽 6시에 서울을 출발하여 상주에 도착했다. 상주는 곶감으로 유명한 곳답게 집집마다 곶감을 말리는 모습을 쉽게 볼 수 있었다. 그리고 한참을 더 달려 통영에 도착했다. 통영은 '동양의 진주' 라는 별명처럼 아름다운 항구 도시였다. 항구에서 배를 타고 한려해상국립공원을 구경했다. 파란 바다 위에 점점이 박혀 있는 수많은 섬들이 무척 아름다웠다. 통영 시내를 돌아다니다 보니 나전칠기가 눈에 띄었다. 나전칠기는 옻칠을 한 나무에 금조개 껍데기를 썰어 낸 조각을 붙여 만들었다고 한다. 검은색 바탕 위에 오색 빛깔이 광채를 뿜어내는 것처럼 신비로웠다.

이튿날, 아침을 간단하게 먹고 진해로 갔다. 바다 위에 떠 있는 군함[1]이 멋있어 보였다. 진해는 아름다운 벚꽃으로도 유명하다는데 벚꽃이 피는 것을 보지 못해 아쉬웠다. 다음으로 영덕 어시장에 도착하자 커다란 대게가 죽 늘어서 있었다. 다리가 대나무처럼 길다고 해서 '대게' 라고 한단다. 대게 속살은 쫄깃쫄깃하고 맛있어서 먹고 또 아무리 물리지 않았다. 영덕에서 서울로 올라오며 무척 피곤했지만 마음은 뿌듯하고 즐거웠다.

❶ **군함** : 해군에 딸린 배

글밥지도
그리기

다음은 앞에서 읽은 글의 내용을 한눈에 볼 수 있도록 정리한 글밥지도입니다. 보기
에서 알맞은 말을 골라 빈칸을 채워 보세요. 그리고 글에 알맞은 제목과 여행한 순
서를 찾아 선으로 이어 보세요.

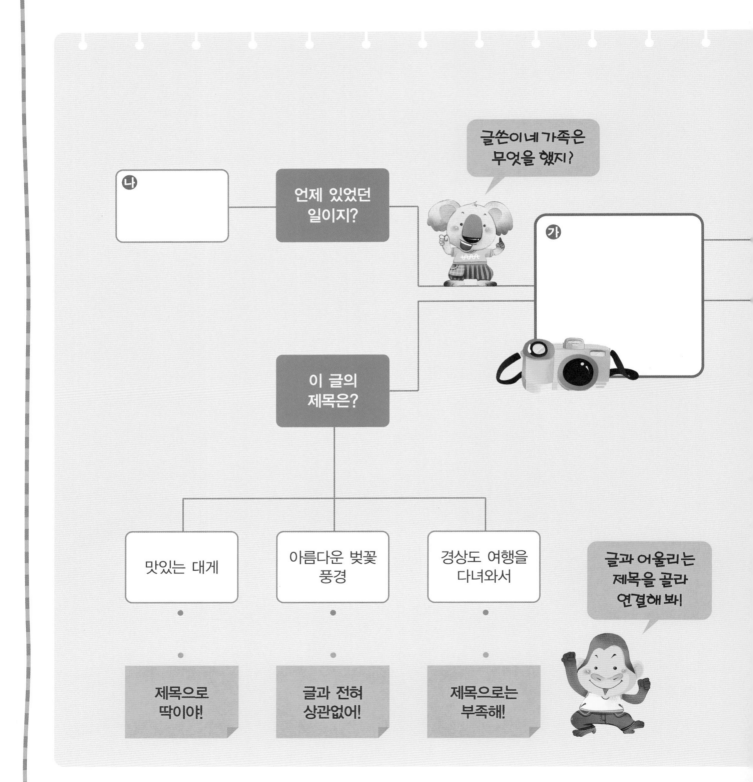

나

언제 있었던
일이지?

글쓴이네 가족은
무엇을 했지?

가

이 글의
제목은?

맛있는 대게

아름다운 벚꽃
풍경

경상도 여행을
다녀와서

글과 어울리는
제목을 골라
연결해 봐!

제목으로
딱이야!

글과 전혀
상관없어!

제목으로는
부족해!

여행을 하면서 본 것
들을 떠올려 봐.

어디에서
무엇을 보았지?

상주	다

| 통영 | 한려해상국립공원 |
| | 나전칠기 |

| 진해 | 라 |

| 영덕 | 마 |

여행한
순서는?

첫 번째	두 번째	세 번째	네 번째

| 상주 | 진해 | 영덕 | 통영 |

1 글쓴이는 경상도의 여러 곳을 구경했습니다. 친구들은 다음 중 어디를 가장 가 보고 싶은지 가장 가 보고 싶은 곳에 ○표 하고, 말풍선 안에 그 까닭을 써 보세요.

상주

통영

영덕

진해

2 다음은 앞의 글을 읽은 친구들의 대화입니다. 가장 바르지 <u>못한</u> 의견을 내고 있는 친구는 누구인가요?

① 통영은 '동양의 진주' 라는 별명을 가졌다고 하니 정말 아름다운 도시일 것 같아.

② 크기가 커서 대게라고 하는 줄 알았는데 다리가 대나무 같아서 대게라고 하는구나.

③ 우리나라도 아름다운 곳이 참 많아. 나는 어른이 되면 우리나라를 돌아보고 싶어.

④ 글쓴이가 진해에서 벚꽃을 보았을 때 나뭇가지에 마치 눈송이가 매달린 것처럼 보였을 거야.

 오늘 읽어 볼 글입니다. 차근차근 잘 읽고, 문제를 풀어 보세요.

이 세상에는 한번 지나가면 다시는 얻을 수 없는 것이 있습니다. 그것은 바로 '시간'입니다. 그런데 우리 주변에는 하루 종일 텔레비전을 보거나 게임을 하면서 시간을 함부로 낭비하는 친구들이 많습니다. 또, 할 일 없이 빈둥대거나 잠만 자는 친구도 있습니다.

어린이 여러분, 시간을 낭비하지 말고 아껴 쓰도록 노력합시다.

어렸을 때 시간을 어떻게 쓰느냐에 따라 여러분의 미래가 결정됩니다. 위인들은 모두 시간을 아껴 쓰고 계획적으로 쓴 사람들입니다. 돈이나 물건은 저축하였다가 필요할 때 쓸 수 있지만 시간은 저축할 수 없습니다. 또, 시간은 남에게 빌려 주거나 빌려 쓸 수 없기 때문에 계획적으로 써야 합니다.

시간을 아껴 쓰는 방법은 어렵지 않습니다. 자기가 하루 동안 해야 할 일을 생각해 보고, 생활 계획표를 세워 보세요. 너무 무리하게 계획을 세우면 지키지 못할 수도 있으므로 실천할 수 있도록 계획을 짜야 합니다. 그리고 무엇보다도 매일 매일 계획표대로 실천하려는 노력이 중요합니다.

여러분, 지금부터라도 시간의 중요함을 알고 시간을 아껴 쓰도록 노력합시다.

 다음은 앞에서 읽은 글의 내용을 한눈에 볼 수 있도록 정리한 글밥지도입니다. 보기 에서 알맞은 말을 골라 빈칸을 채워 보세요. 그리고 글에 알맞은 제목을 찾아 선으로 이어 보세요.

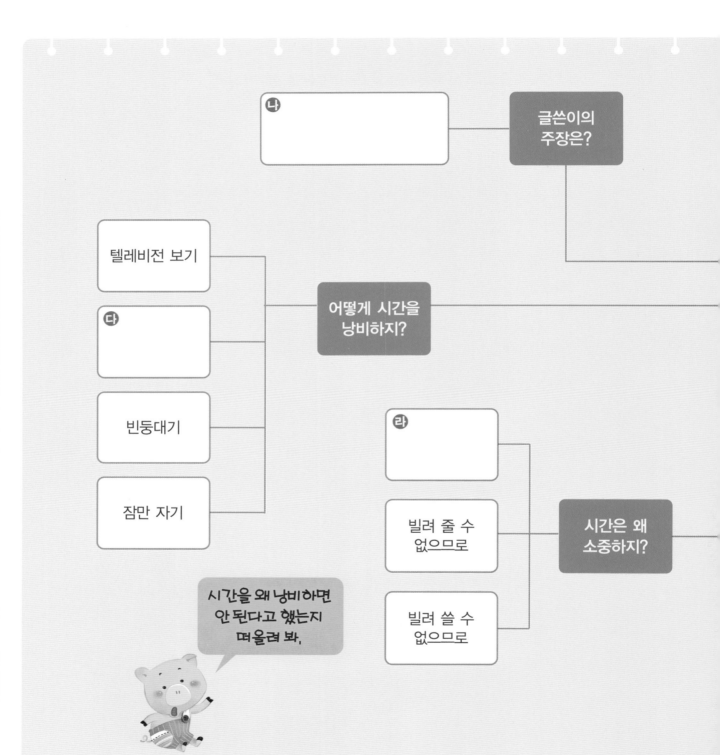

나

글쓴이의 주장은?

텔레비전 보기

다

빈둥대기

어떻게 시간을 낭비하지?

잠만 자기

라

시간을 왜 낭비하면 안 된다고 했는지 떠올려 봐.

빌려 줄 수 없으므로

시간은 왜 소중하지?

빌려 쓸 수 없으므로

보기

❶ 시간
❷ 시간을 아껴 쓰자.
❸ 공부하기
❹ 게임하기
❺ 저축할 수 없으므로
❻ 필요할 때 쓸 수 있으므로
❼ 시간을 붙잡아 두기
❽ 생활 계획표 세우기

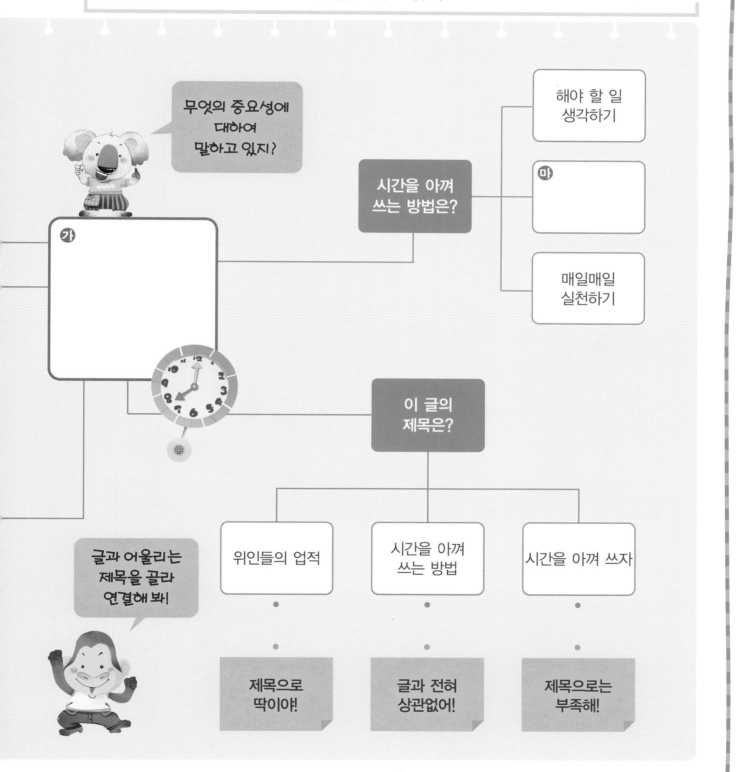

무엇의 중요성에 대하여 말하고 있지?

시간을 아껴 쓰는 방법은?

해야 할 일 생각하기

마

매일매일 실천하기

가

이 글의 제목은?

글과 어울리는 제목을 골라 연결해 봐!

위인들의 업적

시간을 아껴 쓰는 방법

시간을 아껴 쓰자

제목으로 딱이야!

글과 전혀 상관없어!

제목으로는 부족해!

111

1 글쓴이가 다음과 같은 주장을 하게 된 까닭은 무엇일까요? 알맞은 것을 모두 찾아 ○표 해 보세요.

여러분, 시간을 아껴 씁시다.

까닭	
① 쉬는 시간에 책을 읽는 친구들이 많다.	☐
② 시간을 함부로 낭비하는 친구들이 많다.	☐
③ 하루 종일 텔레비전을 보는 친구들이 많다.	☐
④ 주말에 가족과 함께 나들이를 가는 친구들이 많다.	☐

2 다음은 앞의 글을 읽은 친구들의 대화입니다. 가장 바르지 <u>못한</u> 의견을 내고 있는 친구는 누구인가요?

① 우리는 시간의 소중함을 잊고 시간을 그냥 보내는 경우가 많아.

② 오늘 당장 생활 계획표를 짜야지. 아침부터 저녁까지 공부만 하도록 계획을 짤 거야.

③ 생활 계획표를 잘 짜는 것도 중요하지만 실천하는 게 더 중요해.

④ 지금 시간을 어떻게 쓰느냐에 따라 커서 어떤 사람이 될지 결정된대.

오늘 읽어 볼 내용입니다. 차근차근 잘 읽고, 문제를 풀어 보세요.

　요즘 어린이들은 과거에 비해 영양 상태는 좋아졌지만, 좋지 않은 생활 습관으로 잠을 푹 자지 못하는 어린이들이 늘고 있다.

　조사에 따르면 어린이의 절반 정도가 10시가 넘어 잠자리에 들었으며, 항상 잠이 부족하다고 느낀다고 한다. 건강 전문가들은 6세부터 12세 사이의 어린이들은 하루에 10~11시간은 자야 한다고 말한다.

　어린이들은 잠을 자는 동안 뇌가 자란다. 또, 잠은 기억이 사라지는 것을 막고 기억을 되돌리는 역할을 한다. 그러나 잠을 충분히 자지 않으면 키가 제대로 자라지 않으며 주의력❶이 떨어지고 산만❷할 위험이 높다. 심지어 신경질적인 성격으로 변할 수 있다는 연구 결과가 나왔다.

　잠을 푹 자려면 정해진 시간에 잠자리에 들어야 한다. 이때 어린이들이 쉽게 잠들 수 있도록 텔레비전 소리를 줄이거나 끄는 등 부모님의 도움이 필요하다. 주변이 환하면 깊은 잠을 자지 못하므로 방 안을 어둡게 해 준다. 또, 흥분하면 잠이 오지 않으므로 자기 전에 게임을 하지 않도록 하는 것도 중요하다.

❶ 주의력 : 한 가지 일에 마음을 집중하여 나가는 힘
❷ 산만 : 어수선하여 질서나 통일성이 없음

113

 다음은 앞에서 읽은 글의 내용을 한눈에 볼 수 있도록 정리한 글밥지도입니다. 보기 에서 알맞은 말을 골라 빈칸을 채워 보세요. 그리고 글에 알맞은 제목을 찾아 선으로 이어 보세요.

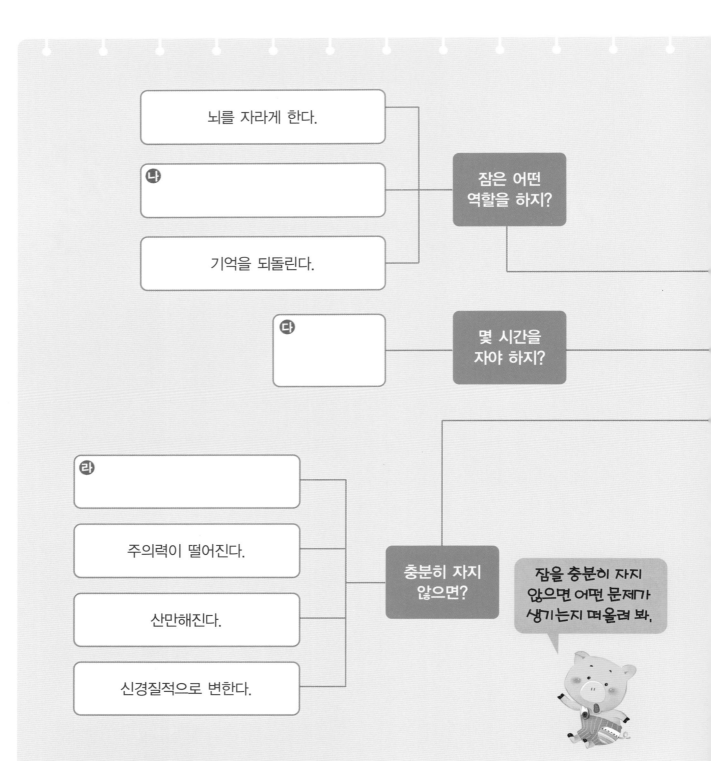

뇌를 자라게 한다.

나

기억을 되돌린다.

잠은 어떤 역할을 하지?

다

몇 시간을 자야 하지?

라

주의력이 떨어진다.

산만해진다.

신경질적으로 변한다.

충분히 자지 않으면?

잠을 충분히 자지 않으면 어떤 문제가 생기는지 떠올려 봐.

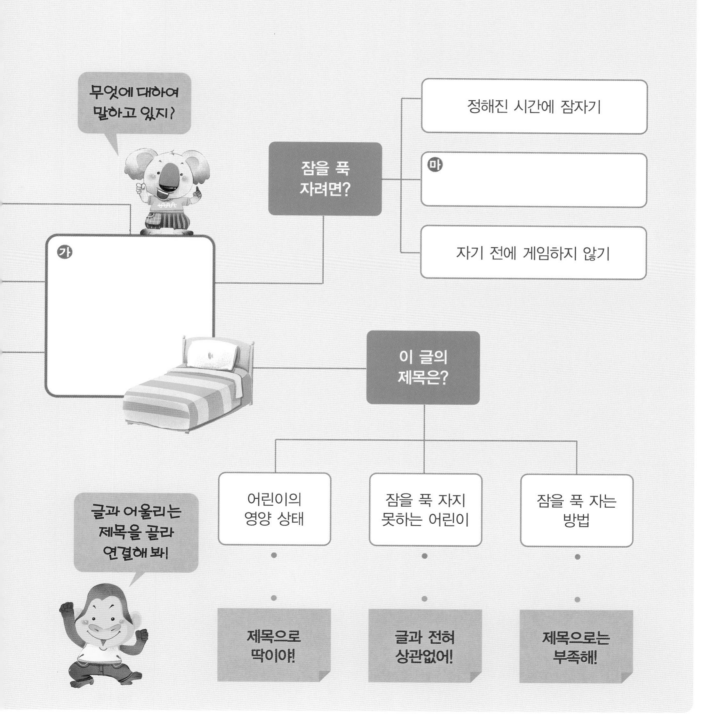

115

1 다음은 앞의 글을 간추린 것입니다. 빈칸에 들어갈 알맞은 말을 보기에서 골라 답해 보세요.

6세부터 12세 사이의 어린이들은 하루에 ① [   ] 정도를 자야 한다.

잠을 충분히 자지 않으면 키가 자라지 않거나, 주의력이 떨어질 수 있다. 또 ② [   ]

성격으로 바뀔 수 있다.

잠을 푹 자려면 ③ [   ] 에 잠자리에 들고, 방 안을 ④ [   ] 하고, 자기

전에 게임을 하지 않아야 한다.

보기

| 신경질적인 | 정해진 시간 | 10~11시간 | 어둡게 |

2 다음은 앞의 글을 읽은 친구들의 대화입니다. 가장 바르지 <u>못한</u> 의견을 내고 있는 친구는 누구인가요?

① 잠을 푹 자지 못하는 어린이들이 지금보다 과거에 더 많았군.

② 잠은 우리 같은 성장기 어린이들에게 음식 못지않게 중요하구나.

③ 정해진 시간에 잠자리에 들고, 자기 전에 게임을 하지 말아야겠어.

④ 늦게 자면 다음날 아침에 일어나기가 힘들고 하루 종일 수업에 집중이 안 돼.

오늘 읽어 볼 글입니다. 차근차근 잘 읽고, 문제를 풀어 보세요.

어제 부모님을 졸라 거미 박물관에 갔다. 거미 박물관에 다녀온 친구가 수만 마리의 거미를 보았다는 말에 호기심이 생겼기 때문이다.

1층에 있는 거미 표본실에 들어서자 산왕거미, 무당거미, 농발거미 등 셀 수도 없이 많은 거미 표본들이 죽 늘어서 있었다. 이 세상에 이렇게 많은 종류의 거미들이 살고 있다는 게 놀라웠다. 사육실❶에 들어서자 살아 있는 거미들이 꼬물꼬물 움직이고 있었다. 책에서도 보지 못한 신기한 거미들이 많이 있었다. 거미의 엉덩이를 살짝 건드리자 거미가 앞으로 움직였다. 하지만 독거미도 있다는 아빠의 말에 덜컥 겁이 나서 더 이상 만지지 못했다. 별관 2층에 자리하고 있는 현미경 관찰실에 들어가 현미경으로 거미의 눈, 이빨, 더듬이 등을 자세히 살펴보았는데 징그럽기도 하고 신기하기도 했다.

가늘고 질긴 거미줄은 수술용 실이나 방탄조끼를 만드는 데 쓰인다고 한다. 또 거미 한 마리가 1년 동안 약 30만 마리나 되는 해로운 벌레를 잡아먹는다고 한다.

징그럽고 지저분할 줄로만 알았던 거미가 사람들에게 많은 도움을 주고 있다는 사실을 알고 난 후 거미가 참 고맙게 느껴졌다.

❶ **사육실** : 동물이나 곤충 등을 먹이어 기르는 곳

다음은 앞에서 읽은 글의 내용을 한눈에 볼 수 있도록 정리한 글밥지도입니다. 보기 에서 알맞은 말을 골라 빈칸을 채워 보세요. 그리고 알맞은 제목과 견학한 순서를 찾아 선으로 이어 보세요.

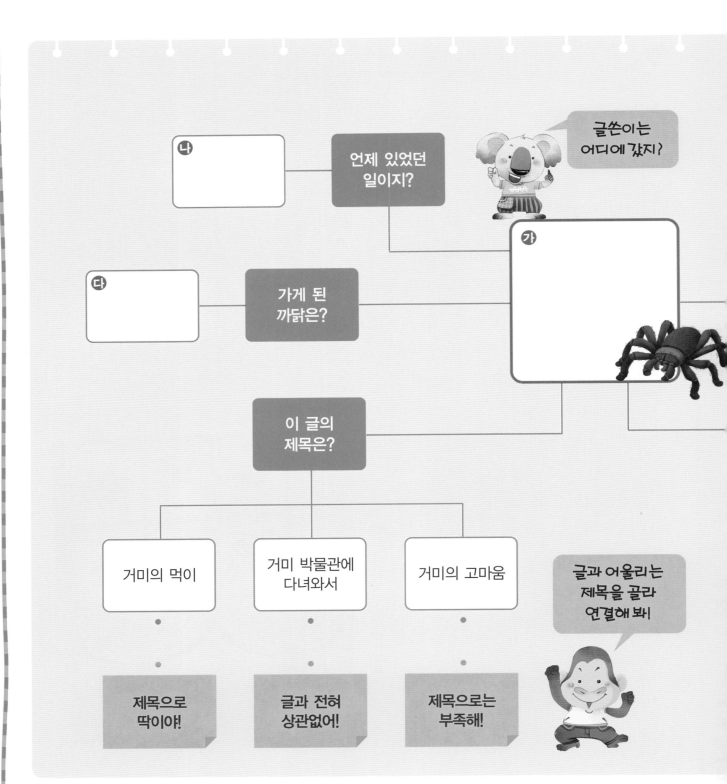

글쓴이는 어디에 갔지?

언제 있었던 일이지?

가게 된 까닭은?

이 글의 제목은?

거미의 먹이

거미 박물관에 다녀와서

거미의 고마움

글과 어울리는 제목을 골라 연결해 봐!

제목으로 딱이야!

글과 전혀 상관없어!

제목으로는 부족해!

보기

① 곤충 박물관   ② 거미 박물관   ③ 어제   ④ 친구의 말을 들어서

⑤ 지난주   ⑥ 거미 표본실   ⑦ 사육실   ⑧ 거미의 눈, 이빨, 더듬이

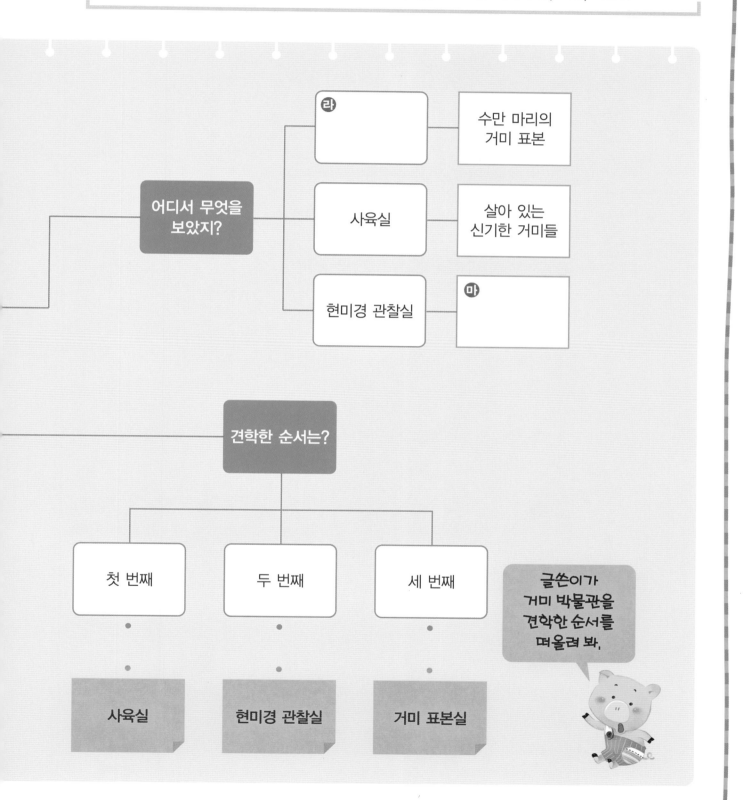

어디서 무엇을 보았지?

라 ──── 수만 마리의 거미 표본

사육실 ──── 살아 있는 신기한 거미들

현미경 관찰실 ──── **마**

견학한 순서는?

첫 번째 · · 사육실

두 번째 · · 현미경 관찰실

세 번째 · · 거미 표본실

글쓴이가 거미 박물관을 견학한 순서를 떠올려 봐.

1 다음은 글쓴이가 거미 박물관을 다녀와서 새롭게 알게 된 것을 정리한 것입니다. 잘못 정리한 것을 찾아 ∨표 해 보세요.

새롭게 알게 된 것
① 거미의 엉덩이를 건드리면 거미가 앞으로 움직인다. ☐
② 거미줄은 가늘고 질기다. ☐
③ 거미 한 마리가 1년 동안 약 30만 마리의 해충을 잡아먹는다. ☐
④ 거미줄로 수술용 실이나 방탄조끼를 만든다. ☐
⑤ 모든 거미가 독을 가지고 있다. ☐

글쓴이가 거미 박물관에서 보고 들은 것들이 섞여 있어, 그 중 잘못된 것을 찾아봐.

2 다음은 앞의 글을 읽은 친구들의 대화입니다. 가장 바르지 <u>못한</u> 의견을 내고 있는 친구는 누구인가요?

① 집에 거미가 있으면 나쁜 벌레들이 줄어들겠구나.

② 거미는 징그럽고 지저분해서 사람들에게 아주 해롭기만 할 거야.

③ 약하게만 보이는 거미줄로 수술용 실이나 방탄조끼를 만든다는 게 놀라워.

④ 수만 마리의 거미가 있다니 거미의 종류가 정말 많구나.

 오늘 읽어 볼 내용입니다. 차근차근 잘 읽고, 문제를 풀어 보세요.

　토요일 오후, 엄마와 함께 문화회관 대극장으로 연극 〈피터 팬〉을 보러 갔다. 대극장 앞은 많은 어린이들로 북적였다. 자리에 앉아 연극이 시작되길 기다리면서 무대를 보고 있으니 피터 팬이 어떻게 무대 위를 날아다닐지 궁금했다.

　드디어 기다리던 연극이 시작됐다. 무대가 밝아지더니 웬디의 창문으로 피터 팬이 나타났다. 웬디는 피터 팬이 잃어버린 그림자를 찾아 정성스럽게 꿰매 주었다. 피터 팬은 웬디와 함께 무대 위를 날아 나이를 먹지 않는 아이들이 살고 있는 네버랜드로 떠났다. 네버랜드에는 무서운 후크 선장이 살고 있었다. 후크 선장은 아이들을 납치하여 바다에 빠뜨리겠다고 피터 팬에게 겁을 주려 했지만 용감한 피터 팬은 후크 선장을 혼내 주고 무사히 아이들을 구했다.

　연극을 보는 내내 신비롭고 환상적인 무대에 감탄이 절로 나왔다. 배우들이 펼치는 노래와 춤은 신 나고 힘이 넘쳤다. 악어들의 동작은 앙증맞고 귀여워서 꼭 안아 주고 싶었다. 무엇보다도 무대 위를 자유롭게 날아다니는 피터 팬이 인상적이었다. 나도 피터 팬의 손을 잡고 하늘을 나는 상상을 했다. 오늘 밤에는 피터 팬과 하늘을 나는 꿈을 꿀 것 같다.

글밥지도
그리기

다음은 앞에서 읽은 글의 내용을 한눈에 볼 수 있도록 정리한 글밥지도입니다. 보기 에서 알맞은 말을 골라 빈칸을 채워 보세요. 그리고 글에 알맞은 제목과 연극의 줄거리를 찾아 선으로 이어 보세요.

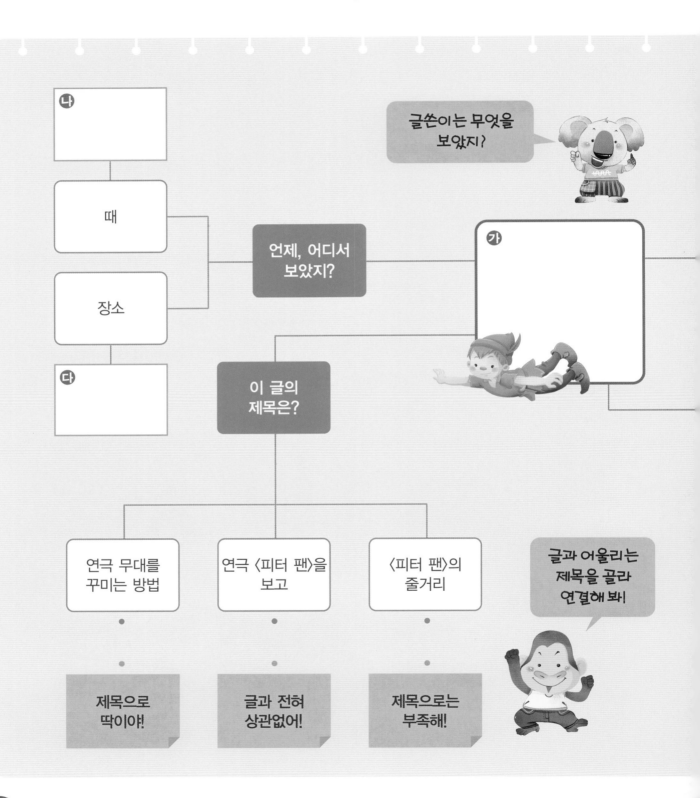

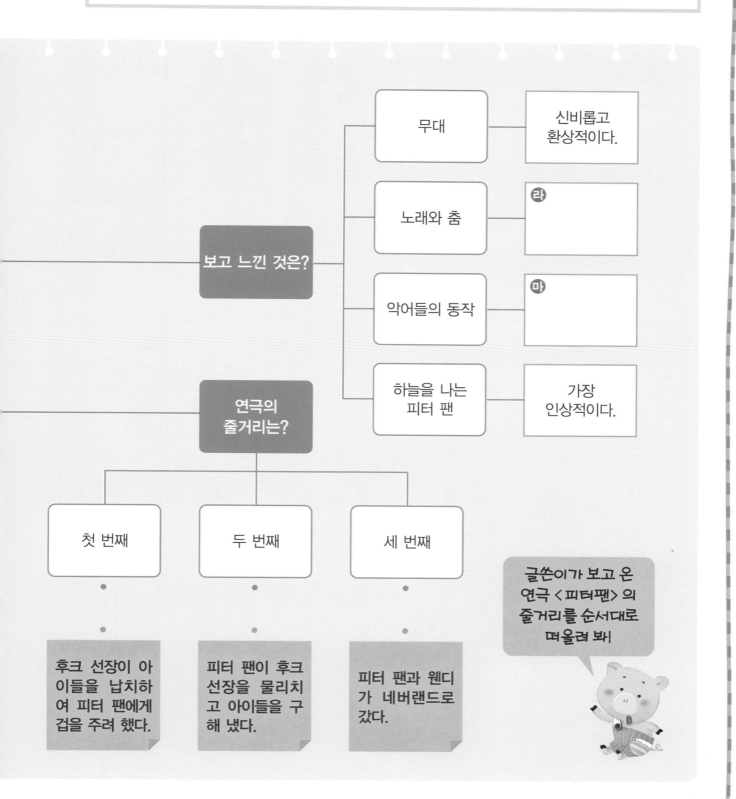

보고 느낀 것은?

무대 — 신비롭고 환상적이다.

노래와 춤 — **라**

악어들의 동작 — **마**

하늘을 나는 피터 팬 — 가장 인상적이다.

연극의 줄거리는?

첫 번째

두 번째

세 번째

후크 선장이 아이들을 납치하여 피터 팬에게 겁을 주려 했다.

피터 팬이 후크 선장을 물리치고 아이들을 구해 냈다.

피터 팬과 웬디가 네버랜드로 갔다.

글쓴이가 보고 온 연극 〈피터팬〉의 줄거리를 순서대로 떠올려 봐!

1 다음은 〈피터 팬〉 연극의 장면들입니다. 글쓴이는 공연을 보면서 등장인물들의 성격이 어떠하다고 느꼈을지 보기에서 골라 답해 보세요.

①

②

③

보기

| 용감하다. | 심술궂다. | 겁이 많다. | 친절하다. |

2 다음은 앞의 글을 읽은 친구들의 대화입니다. 가장 바르지 <u>못한</u> 의견을 내고 있는 친구는 누구인가요?

① 하늘을 나는 느낌은 어떨까? 나도 웬디처럼 피터 팬과 함께 하늘을 날고 싶어.

② 공연장에서는 다른 사람에게 피해를 주지 않도록 조용히 관람해야 해.

③ 연극은 배우가 눈앞에서 연기를 하기 때문에 실감 나게 볼 수 있어.

④ 동화책 〈피터 팬〉을 읽으면 연극을 볼 필요가 없어. 똑같은 내용이니까.

꼼꼼히 집중하여 읽기

글의 갈래	전래 동요
걸린 시간	분 초

 오늘 읽어 볼 글입니다. 차근차근 잘 읽고, 문제를 풀어 보세요.

새는 새는

새는 새는 나무 자고
쥐는 쥐는 구멍 자고
소는 소는 마구❶ 자고
닭은 닭은 홰에❷ 자고.

납작납작 송어 새끼
바위 아래 잠을 자고
매끌매끌 미꾸라지
펄❸ 속에 잠을 자고.

돌에 붙은 따개비야
나무 붙은 솔방울아
나는 나는 어디 붙어
꺼부꺼부 잠을 자나
우리 같은 아이들은
엄마 품에 잠을 자지.

❶ 마구 : 마구간
❷ 홰 : 닭장 속에 닭이 올라앉게 가로질러 놓은 나무 막대
❸ 펄 : 개펄

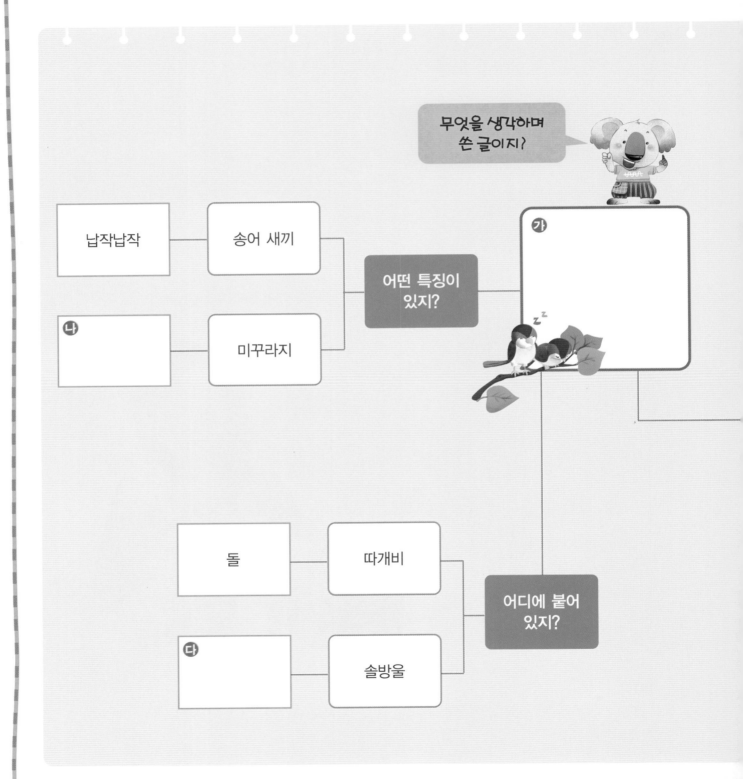

무엇을 생각하며 쓴 글이지?

가

납작납작 — 송어 새끼

나 — 미꾸라지

어떤 특징이 있지?

돌 — 따개비

다 — 솔방울

어디에 붙어 있지?

① 노래하는 모습   ② 잠자는 모습   ③ 매끌매끌   ④ 꺼부꺼부
⑤ 나무   ⑥ 쥐   ⑦ 엄마 품   ⑧ 방 안

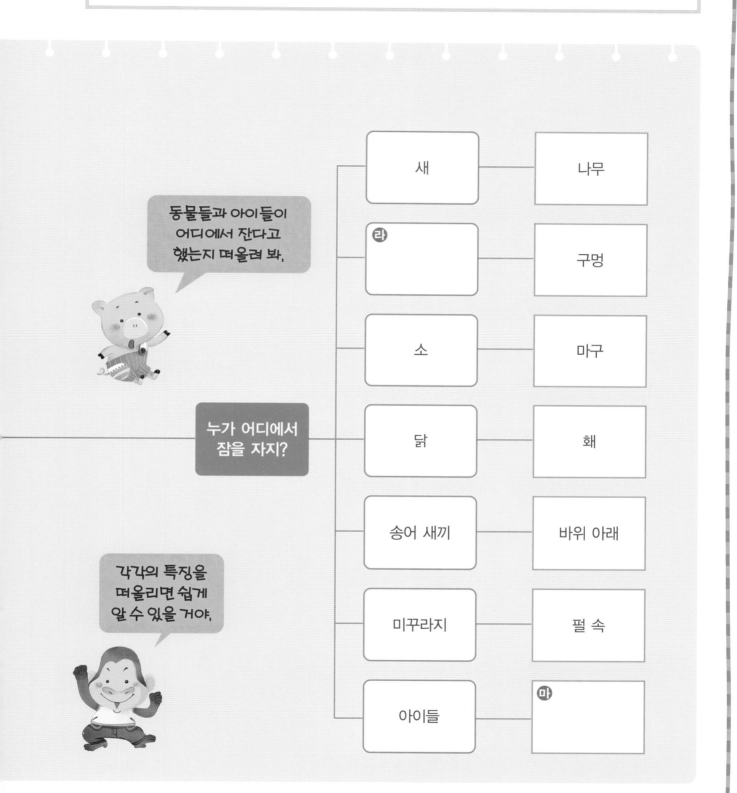

동물들과 아이들이 어디에서 잔다고 했는지 떠올려 봐.

각각의 특징을 떠올리면 쉽게 알 수 있을 거야.

누가 어디에서 잠을 자지?

새	나무
라	구멍
소	마구
닭	홰
송어 새끼	바위 아래
미꾸라지	펄 속
아이들	마

127

1 앞의 글은 어린아이를 재울 때 부르던 전래 동요입니다.  보기 에서 알맞은 말을 골라 〈새는 새는〉의 앞부분을 지어 보세요.

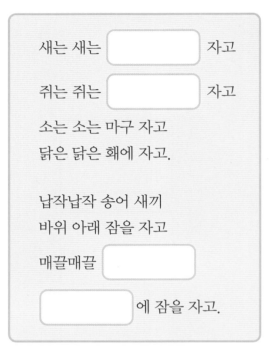

새는 새는 [   ] 자고

쥐는 쥐는 [   ] 자고

소는 소는 마구 자고
닭은 닭은 홰에 자고.

납작납작 송어 새끼
바위 아래 잠을 자고

매끌매끌 [   ]

[   ] 에 잠을 자고.

보기
새집	둥지	지붕 속	담 구멍
지렁이	개구리	땅속	풀숲

새는 새는 둥지 자고
나는 나는 담 구멍 자고

2 다음은 앞의 글을 읽은 친구들의 대화입니다. 가장 바르지 <u>못한</u> 의견을 내고 있는 친구는 누구인가요?

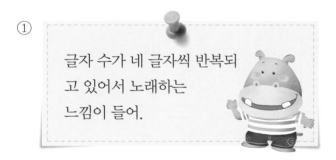

① 글자 수가 네 글자씩 반복되고 있어서 노래하는 느낌이 들어.

② 동물과 사람이 각각 어디에서 자는지 차이점을 설명하는 글이야.

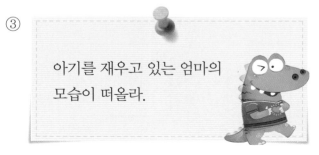

③ 아기를 재우고 있는 엄마의 모습이 떠올라.

④ 시를 읽으니 세상의 모든 것들이 잠든 것처럼 평화롭고 고요하게 느껴져.

꼼꼼히 집중하여 읽기

글의 갈래	**일기**
걸린 시간	분 초

 오늘 읽어 볼 글입니다. 차근차근 잘 읽고, 문제를 풀어 보세요.

20○○년 ○○월 ○○일   날씨 : 구름 한 점 없이 맑음

쉬는 시간에 승우가 나를 놀렸다. '오겹살', '꿀꿀 돼지'라고 부르며 계속 약을 올렸다. 나는 승우를 째려보며 내 별명을 부르지 말라고 했다. 승우는 손가락으로 코를 들어 올려 돼지 코 모양을 만들고는 "메롱!" 하고 놀렸다. 나도 화가 나서 "시끄러워. 이 단춧구멍아!" 하고 소리쳤다. 단춧구멍은 승우의 눈이 작아서 생긴 별명이다. 승우는 화가 났는지 나를 밀쳤다. 나도 지지 않고 승우를 밀쳤다. "쿵!" 하는 소리와 함께 승우가 교실 바닥에 넘어졌다. 그때 선생님께서 들어오셨다. 승우와 나는 싸운 벌로 교실 뒤에서 손을 들고 있어야 했다.

선생님께서는 반 친구들을 바라보시며 친구가 싫어하는 별명은 부르지 말고, 잘하는 것은 칭찬해 주고, 어려운 일이 있으면 서로 돕는 좋은 친구가 되라고 말씀하셨다. 승우와 싸운 것은 잘못이지만 먼저 나를 놀린 승우가 미웠다. 그리고 벌을 받은 것이 속상했다. 정말 화나는 하루였다.

 **글밥지도 그리기**

다음은 앞에서 읽은 글의 내용을 한눈에 볼 수 있도록 정리한 글밥지도입니다. 보기 에서 알맞은 말을 골라 빈칸을 채워 보세요. 그리고 글에 알맞은 제목과 사건의 순서를 찾아 선으로 이어 보세요.

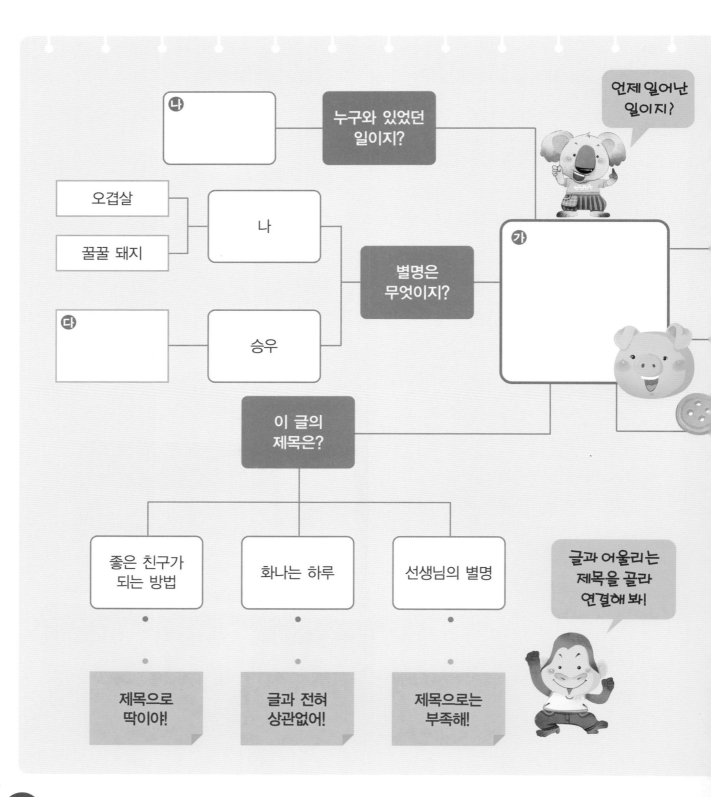

보기
① 점심 시간   ② 쉬는 시간   ③ 승우   ④ 선생님
⑤ 단춧구멍   ⑥ 벌을 받아서   ⑦ 손을 들고 서 있기   ⑧ 서로 돕기

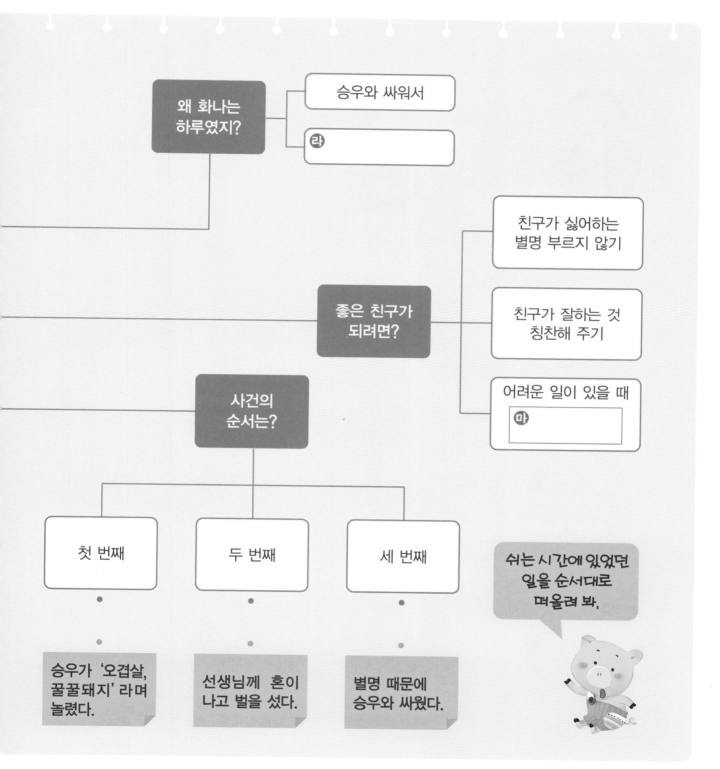

왜 화나는 하루였지?
  ├ 승우와 싸워서
  └ 라

좋은 친구가 되려면?
  ├ 친구가 싫어하는 별명 부르지 않기
  ├ 친구가 잘하는 것 칭찬해 주기
  └ 어려운 일이 있을 때 마

사건의 순서는?
  첫 번째 · 승우가 '오겹살, 꿀꿀돼지' 라며 놀렸다.
  두 번째 · 선생님께 혼이 나고 벌을 섰다.
  세 번째 · 별명 때문에 승우와 싸웠다.

쉬는 시간에 있었던 일을 순서대로 떠올려 봐.

1 글쓴이와 승우는 재미있는 별명을 가지고 있습니다. 친구들은 어떤 별명을 가지고 있으며 왜 그런 별명을 갖게 되었나요? 친구들의 별명과 그 별명이 붙은 까닭을 써 보세요.

글쓴이	승우	나
		1. 별명 :
1. 별명 : 오겹살, 꿀꿀 돼지	1. 별명 : 단춧구멍	2. 별명이 붙은 까닭 :
2. 별명이 붙은 까닭 : 먹는 것을 좋아하고 뚱뚱해서	2. 별명이 붙은 까닭 : 눈이 단춧구멍처럼 작아서	

2 다음은 앞의 글을 읽은 친구들의 대화입니다. 가장 바르지 <u>못한</u> 의견을 내고 있는 친구는 누구인가요?

① 나도 친구들이 내 별명을 부르면서 놀려서 화났던 적이 있어. 그때 정말 속상했어.

② 모든 별명은 좋은 뜻을 가지고 있어서 재미있고 듣기 좋아. 별명을 많이 부르자.

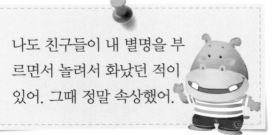

③ 이 일기의 제목을 '놀림 받은 날' 또는 '속상했던 날'로 바꿀 수도 있어.

④ 친구랑 싸우고 선생님께 벌까지 받았으니 정말 기분 나쁜 하루였을 것 같아.

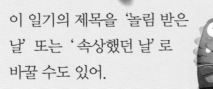

꼼꼼히 집중하여 읽기

글의 갈래 | **편지글**

걸린 시간 | 분 초

 오늘 읽어 볼 글입니다. 차근차근 잘 읽고, 문제를 풀어 보세요.

사랑스러운 아들 대희에게

대희야, 안녕? 오늘 서랍 정리를 하다가 대희가 아기였을 때 사진을 보았단다. 아장아장 걸어다니던 대희가 어느새 이렇게 컸구나.

대희야, 엄마는 착하고 바르게 자란 대희를 많이 칭찬해 주고 싶단다. 지난주에 아빠가 세차를 하실 때 대희가 아빠를 도와 드리겠다고 나섰지. 마른걸레로 자동차의 물기를 쓱쓱 닦던 모습이 생각나는구나. 다리도 아프고 허리도 아팠을 텐데 말이야. 그저께는 김치를 담그는 엄마 옆에서 심부름도 하고 엄마의 어깨도 주물러 주었지. 엄마를 생각하는 대희의 마음을 느낄 수 있었어. 게다가 오늘은 버스 안에서 할아버지께 자리를 양보했지? 다른 아이들은 할아버지께서 타셨는데도 모른 척하거나 쭈뼛거리고 있었는데 대희는 망설이지 않고 자리를 양보하더구나. 웃어른을 공경하고 양보하는 마음을 가진 대희가 정말 자랑스러웠단다.

대희야, 지금처럼 밝고 건강하게 자라 주렴.

○○월 ○○일

대희를 사랑하는 엄마가

 글밥지도 그리기

다음은 앞에서 읽은 글의 내용을 한눈에 알아볼 수 있는 글밥지도입니다. 보기 에서 알맞은 말을 골라 빈칸을 채워 보세요. 그리고 대희가 언제 누구에게 착한 일을 했는지 찾아 선으로 이어 보세요.

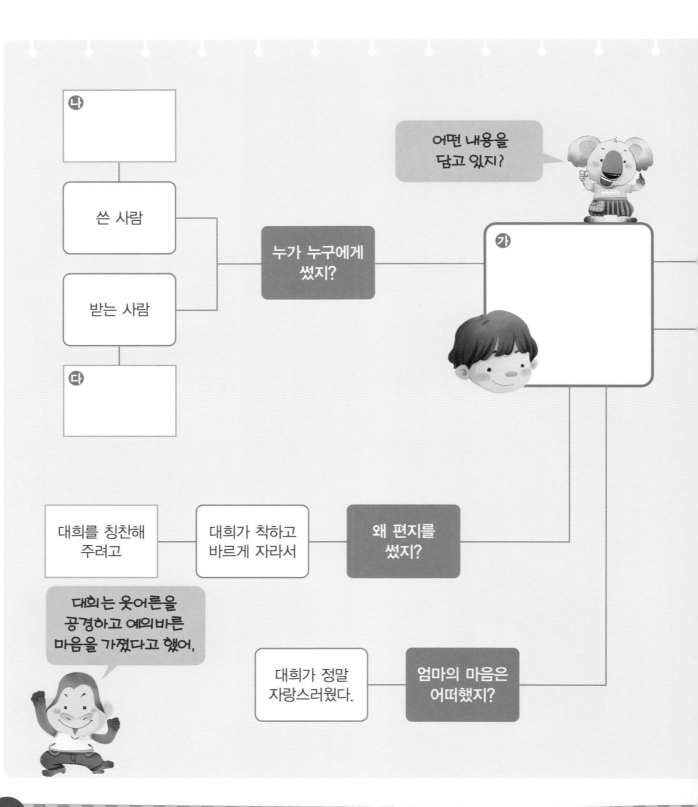

나

쓴 사람

받는 사람

누가 누구에게 썼지?

어떤 내용을 담고 있지?

가

다

대희를 칭찬해 주려고

대희가 착하고 바르게 자라서

왜 편지를 썼지?

대희는 웃어른을 공경하고 예의바른 마음을 가졌다고 했어,

대희가 정말 자랑스러웠다.

엄마의 마음은 어떠했지?

① 사과 　　② 칭찬 　　③ 대희
④ 엄마 　　⑤ 아빠 　　⑥ 삼촌
⑦ 모른 척하고 쭈뼛거렸다. 　　⑧ 자리를 양보해 드렸다.

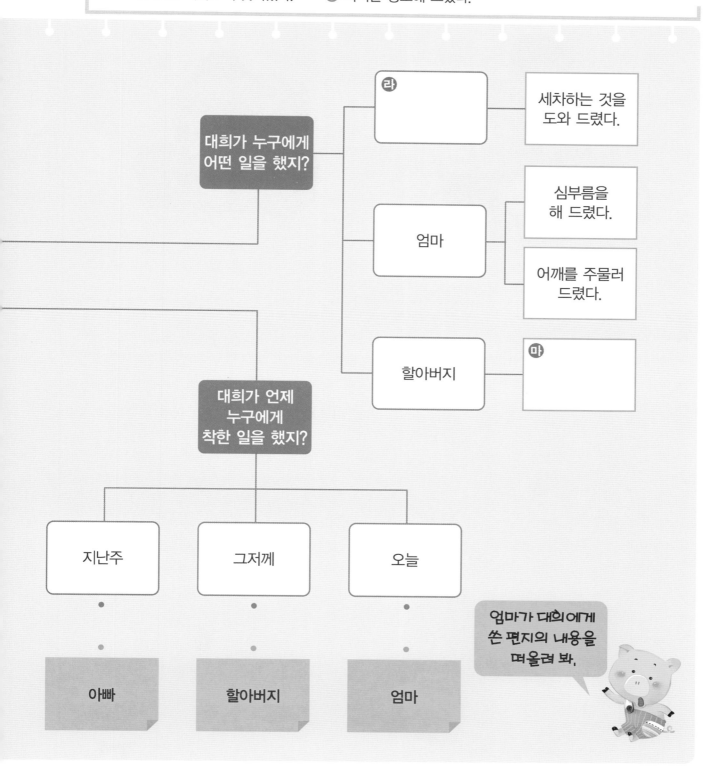

대희가 누구에게 어떤 일을 했지?

라 ▢ — 세차하는 것을 도와 드렸다.

엄마 — 심부름을 해 드렸다.

엄마 — 어깨를 주물러 드렸다.

할아버지 — 마 ▢

대희가 언제 누구에게 착한 일을 했지?

지난주 — 아빠

그저께 — 할아버지

오늘 — 엄마

엄마가 대희에게 쓴 편지의 내용을 떠올려 봐.

1 앞의 편지를 쓸 때에 엄마의 마음과 편지를 읽은 대희의 마음은 어땠을까요? 보기 에서 골라 답해 보세요.

| ① | 마음 |
| ② | 마음 |

보기

| 속상한 | 대견스러운 | 뿌듯한 | 슬픈 |

2 다음은 앞의 글을 읽은 친구들의 대화입니다. 가장 바르지 <u>못한</u> 의견을 내고 있는 친구는 누구인가요?

① 엄마는 착하고 밝게 자란 대희가 대견하고 사랑스러웠을 거야.

② 받는 사람, 첫인사, 하고 싶은 말, 끝인사, 쓴 날짜, 쓴 사람 등 편지의 형식에 맞게 썼어.

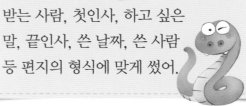

③ 엄마가 왜 대희를 칭찬하고 싶다고 했을까? 칭찬하는 까닭이 잘 나타나 있지 않아.

④ 대희 엄마는 대희를 무척 사랑하시는 것 같아. 편지에서 사랑이 느껴져.

공습국어 초등독해

정답과 해설

1·2학년 심화 I

주니어김영사

01회 | 17~20쪽

 글밥지도 그리기

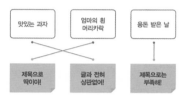

가 ② 오늘
나 ③ 엄마
다 ⑥ 흰 머리카락 뽑기
라 ⑦ 신이 나다.
마 ⑧ 속상하다.

● 이 글의 제목은?

| 맛있는 과자 | 엄마의 흰 머리카락 | 용돈 받은 날 |

| 제목으로 딱이야! | 글과 전혀 상관없어! | 제목으로는 부족해! |

해설

• **맛있는 과자** : 글쓴이는 용돈을 받아 과자를 사 먹고 싶다고 했습니다. 그러나 과자에 대한 자세한 내용은 나타나 있지 않습니다. 그러므로 이것은 글의 내용과 상관없는 제목입니다.

• **엄마의 흰 머리카락** : 제시문은 엄마의 흰 머리카락을 뽑으며 있었던 일과 그 일을 겪으면서 생각하거나 느낀 점을 쓴 일기입니다. 그러므로 알맞은 제목입니다.

• **용돈 받은 날** : 글쓴이는 엄마의 흰 머리카락을 뽑고 그 대가로 용돈을 받았다고 했습니다. 그러나 이 제시문의 중요한 내용은 용돈을 받은 것이 아니라 엄마의 흰 머리카락을 뽑으며 생각하고 느낀 점입니다. 그러므로 이것은 제목으로 부족합니다.

 끄덕끄덕 공감하기

1. [예시]
엄마, 아빠가 밤늦게까지 일하고 들어오셔서 피곤해 하시는 모습을 보고 엄마, 아빠를 많이 도와 드려야겠다고 생각했다.

2. ①

해설

글쓴이는 엄마의 흰 머리카락을 뽑고 용돈을 받았지만 기쁘지 않다고 했습니다. 용돈보다 엄마가 자기 때문에 늙은 것 같아 속상해하고 있으므로 용돈을 더 받지 못해 아쉬워한다는 의견은 글의 내용을 제대로 이해하지 못한 것입니다.

02회 | 21~24쪽

 글밥지도 그리기

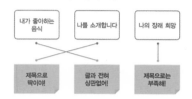

가 ⑤ 김시현
나 ⑦ 친구들
다 ④ 아빠, 엄마, 남동생
라 ① 축구 선수
마 ③ 달덩이

● 이 글의 제목은?

| 내가 좋아하는 음식 | 나를 소개합니다 | 나의 장래 희망 |

| 제목으로 딱이야! | 글과 전혀 상관없어! | 제목으로는 부족해! |

해설

• **내가 좋아하는 음식** : 글쓴이는 가족, 태어난 곳, 장래 희망, 별명 등에 대하여 소개하고 있습니다. 그러나 좋아하는 음식은 소개하지 않았으므로 글의 내용과 상관없는 제목입니다.

• **나를 소개합니다** : 제시문은 글쓴이가 친구들에게 자신에 대하여 소개하는 글입니다. 그러므로 알맞은 제목입니다.

• **나의 장래 희망** : 장래 희망은 글쓴이가 소개한 것 중 하나입니다. 가족, 태어난 곳, 별명 등을 담지 못하므로 제목으로 부족합니다.

● 소개한 순서는?

| 첫 번째 | 두 번째 | 세 번째 | 네 번째 |

| 장래 희망 | 이름 | 가족 | 별명 |

 요목조목 따져보기

1. [예시]
• 가족 : 아빠, 엄마
• 취미 : 줄넘기
• 장래 희망 : 가수

2. ④

해설

글쓴이는 친구들이 자신에 대하여 잘 알 수 있도록 자신을 소개하고 있습니다. 자기 자랑을 한다고는 볼 수 없습니다.

글밥지도 그리기

- 가 ② 토끼와 거북
- 나 ⑧ 생일 선물로 책을 받아서
- 다 ⑤ 잘난 척한다.
- 라 ① 열심히 노력한다.
- 마 ④ 토끼가 낮잠을 잤다.

● **이 글의 제목은?**

> **해설**
> • **토끼의 낮잠** : 토끼가 낮잠을 잔 내용은 책의 줄거리에 해당됩니다. 책을 읽게 된 까닭이나 책을 읽고 난 후의 느낌은 담지 못하므로 부족한 제목입니다.
> • **〈토끼와 거북〉을 읽고** : 제시문은 〈토끼와 거북〉을 읽고, 책을 읽게 된 까닭, 책의 줄거리, 읽고 난 후의 느낌 등을 쓴 글이므로 알맞은 제목입니다.
> • **토끼의 생김새** : 토끼의 생김새는 나타나 있지 않으므로 글과 전혀 상관없는 제목입니다.

● **책을 읽은 후의 감상은?**

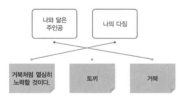

끄덕끄덕 공감하기

1. [예시]
　① 은혜 갚은 까치　　② 선비, 까치
　③ 자기를 구해 준 선비를 위해 종을 치고 죽은 까치의
　　모습이 인상적이었다.

2. ②

> **해설**
> 독서 감상문을 읽을 때에는 글쓴이가 책을 읽고 느낀 점과 자신의 생각을 비교하며 읽어야 합니다. 책 선물이 싫다고 말하는 것은 독서 감상문을 바르게 감상하는 태도가 아닙니다.

글밥지도 그리기

- 가 ⑤ 부모님
- 나 ④ 매우 춥다.
- 다 ⑧ 밤새 간호해 주셨다.
- 라 ② 공부를 열심히 하겠다.
- 마 ① 현지

● **이 글을 쓴 순서는?**

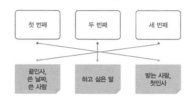

끄덕끄덕 공감하기

1. ① 고마운 ② 대견스러운
2. ③

> **해설**
> 이 편지는 글쓴이가 독감에 걸렸을 때 밤새 간호해 주시고, 영화관에 데려가 주신 부모님께 고마운 마음을 전하는 편지글입니다. 손을 깨끗이 씻어 독감을 예방하자는 의견은 이 편지글의 내용과 어울리지 않습니다.

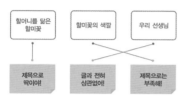

글밥지도 그리기

⑦ ① 할미꽃
⑭ ③ 학교 꽃밭
⑮ ④ 자주색
⑯ ⑥ 여섯 장
⑰ ⑧ 열매

● 이 글의 제목은?

할머니를 닮은 할미꽃	할미꽃의 색깔	우리 선생님

제목으로 딱이야!	글과 전혀 상관없어!	제목으로는 부족해!

해설

• **할머니를 닮은 할미꽃** : 제시문은 학교 꽃밭에 핀 할미꽃의 꽃, 줄기, 잎, 열매를 관찰하고 쓴 글입니다. 할미꽃과 할미꽃 열매의 모습이 할머니를 닮았다고 하였으므로 알맞은 제목입니다.

• **할미꽃의 색깔** : 제시문에는 할미꽃의 색깔은 장미꽃보다 더 진한 자주색이라고 나타나 있습니다. 그러나 이것은 줄기나 잎, 열매를 관찰한 내용은 담지 못하므로 부족한 제목입니다.

• **우리 선생님** : 제시문에 학교 꽃밭에서 할미꽃을 보았다고 나타나 있습니다. 그러나 선생님에 대한 내용은 나타나 있지 않으므로 이것은 글의 내용과 상관없는 제목입니다.

 요목조목 따져보기

1. [예시]
① ○ ② △ ③ △ ④ ○ ⑤ △ ⑥ △

2. ④

해설

제시문은 학교 꽃밭에 핀 할미꽃을 실제로 관찰하고 쓴 글입니다. 글쓴이가 눈으로 보고, 손으로 만져 본 것을 쓴 글이므로 실감 나게 꾸며 썼다는 것은 알맞지 않습니다.

글밥지도 그리기

⑦ ⑥ 차에서 담배 피우지 않기
⑭ ④ 아빠
⑮ ② 니코틴
⑯ ⑧ 폐암을 일으킨다.
⑰ ① 속이 울렁거린다.

● 이 글의 제목은?

부탁이 있어요	담배를 피우지 마세요	병을 예방해요

제목으로 딱이야!	글과 전혀 상관없어!	제목으로는 부족해!

해설

• **부탁이 있어요** : 제시문은 글쓴이가 아빠께 차 안에서는 담배를 피우지 말아 달라고 부탁하는 글입니다. 이 제목으로는 글쓴이가 무엇을 부탁하는지 알 수 없으므로 부족합니다.

• **담배를 피우지 마세요** : 이 제목만 보고도 글쓴이가 아빠께 무엇을 부탁하는지 잘 알 수 있습니다. 그러므로 알맞은 제목입니다.

• **병을 예방해요** : 제시문에는 담배에 들어 있는 성분이 무서운 병을 일으킨다는 내용이 있습니다. 그러나 병을 예방하자는 것은 글쓴이가 부탁하려는 것이 아니므로 글의 내용과 상관없는 제목입니다.

 요목조목 따져보기

1. ③
2. ①

해설

부탁하는 글은 웃어른, 이웃 사람, 공공 기관, 친구들에게 모두 쓸 수 있습니다. 부탁하는 글을 쓸 때에는 자신이 원하는 것이 무엇이고, 그렇게 부탁하는 까닭이 무엇인지 잘 드러나게 쓰는 것이 중요합니다. 또 읽는 사람이 웃어른일 경우에는 높임말을 사용해야 합니다.

글밥지도 그리기

가 ⑧ 삶은 달걀 세 개
나 ③ 옛날
다 ⑤ 지혜롭다.
라 ④ 욕심이 많다.

● **이 글의 제목은?**

해설

- **욕심쟁이 주막 주인** : 욕심쟁이 주막 주인은 이야기의 등장인물 중한 사람입니다. 또 이 이야기의 주인공은 주막 주인이 아니라 젊은 청년이므로 부족한 제목입니다.
- **달걀 세 개의 값** : 이 이야기는 달걀 세 개의 값 때문에 일어난 일입니다. 그러므로 알맞은 제목입니다.
- **원님의 지혜** : 지혜롭게 문제를 해결한 것은 젊은이며, 원님이 지혜롭다는 것은 글에 나타나 있지 않으므로 글의 내용과 상관없는 제목입니다.

● **이야기의 순서는?**

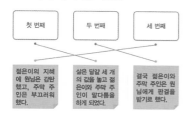

끄덕끄덕 공감하기

1. ① 화가 난다. ② 부끄럽다.
2. ④

해설

옛이야기는 우리에게 즐거움과 감동, 삶의 지혜, 교훈 등을 줍니다.

글밥지도 그리기

가 ④ 곤충
나 ⑧ 적에게 잡아먹히지 않으려고
다 ⑤ 부엉이의 눈 모양
라 ⑦ 쓴 맛
마 ① 녹색

● **이 글의 제목은?**

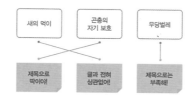

해설

- **새의 먹이** : 제시문에는 새의 먹이에 대한 내용이 나타나 있지 않습니다. 따라서 이것은 글의 내용과 상관없는 제목입니다.
- **곤충의 자기 보호** : 제시문은 작은 곤충들이 천적으로부터 자신을 어떻게 보호하는지 알려 주는 글입니다. 그러므로 알맞은 제목입니다.
- **무당벌레** : 제시문에는 무당벌레가 천적으로부터 자신을 보호하는 방법이 나타나 있습니다. 그러나 부엉이나비와 메뚜기가 자기를 보호하는 방법은 담지 못하므로 이것은 부족한 제목입니다

요목조목 따져보기

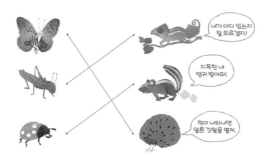

2. ②

해설

메뚜기가 적의 눈에 잘 띄지 않는 것은 몸 색깔을 주변의 풀과 같은 색으로 바꾸기 때문입니다. 메뚜기는 여름에는 녹색, 가을에는 갈색으로 몸 색깔을 바꿉니다.

09회 | 49~52쪽

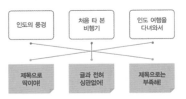 **글밥지도 그리기**

가 ⑦ 인도 여행
나 ② 지난 여름
다 ⑧ 전통 의상을 입은 사람들
라 ⑥ 춤추는 코브라

● **이 글의 제목은?**

인도의 풍경	처음 타 본 비행기	인도 여행을 다녀와서

제목으로 딱이야!	글과 전혀 상관없어!	제목으로는 부족해!

해설
- **인도의 풍경** : 인도의 풍경은 인도 여행을 하면서 본 것 중 하나입니다. 인도 여행을 하면서 듣고, 느낀 것 등은 담지 못하므로 이것은 부족한 제목입니다.
- **처음 타 본 비행기** : 제시문에 비행기를 처음 타 보았다고 나타나 있습니다. 그러나 이것은 인도 여행을 하면서 보고, 듣고, 느낀 것과는 거리가 멉니다. 그러므로 이것은 글의 내용과 상관없는 제목입니다.
- **인도 여행을 다녀와서** : 제시문은 인도 여행을 하면서 보고, 듣고, 느낀 것을 쓴 글입니다. 그러므로 알맞은 제목입니다.

● **여행한 순서는?**

출발!	첫 번째	두 번째	세 번째

인도 공항	갠지스 강	서울	인도 식당

 끄덕끄덕 공감하기

1. ① 인상적이다.
　② 신기하다.
　③ 무섭다.
2. ④

해설
각 나라마다 그 나라의 문화가 있습니다. 우리나라의 문화와 다르다고 해서 이상하게 생각할 것이 아니라 그 나라의 문화를 이해하려는 자세가 필요합니다.

 10회 | 53~56쪽

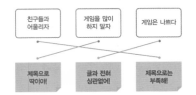 **글밥지도 그리기**

가 ② 게임
나 ④ 살이 찐다.
다 ⑤ 화를 낸다.
라 ⑦ 수업에 집중하지 못 한다.

● **이 글의 제목은?**

친구들과 어울리자	게임을 많이 하지 말자	게임은 나쁘다

제목으로 딱이야!	글과 전혀 상관없어!	제목으로는 부족해!

해설
- **친구들과 어울리자** : 친구들과 어울리자는 내용은 글쓴이가 제시하는 해결 방안입니다. 이것은 글쓴이의 주장이나 주장에 대한 까닭을 담지 못하므로 부족한 제목입니다.
- **게임을 많이 하지 말자** : 제시문은 게임을 많이 하지 말자는 글쓴이의 주장과 주장에 대한 까닭을 쓴 글입니다. 주장하는 글을 대부분 주장을 제목으로 쓰는 경우가 많습니다. 그러므로 이것은 알맞은 제목입니다.
- **게임은 나쁘다** : 제시문은 게임에 대한 글쓴이의 주장이 담겨 있습니다. 게임을 많이 하는 것이 좋지 않은 까닭은 제시하고 있지만 게임 자체가 나쁘다고 하지는 않았습니다. 그러므로 글의 내용과 상관없는 제목입니다.

 요목조목 따져보기

1. ③
2. ①

해설
글쓴이가 주장하는 것은 게임을 해도 좋지만, 너무 많이 하지 말자는 것입니다. 게임을 절대로 하면 안 된다는 주장은 하지 않았습니다.

11회 | 57~60쪽

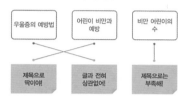글밥지도 그리기

가 ② 어린이 비만
나 ③ 우울증이 생길 수 있다.
다 ⑦ 천천히 꼭꼭 씹어 먹는다.
라 ⑤ 배드민턴
마 ⑥ 칭찬과 격려

● **이 글의 제목은?**

우울증의 예방법	어린이 비만과 예방	비만 어린이의 수

제목으로 딱이야!	글과 전혀 상관없어!	제목으로는 부족해!

해설

• **우울증의 예방법** : 우울증은 비만 어린이에게 나타나는 증상 중 하나입니다. 제시문은 어린이 비만의 문제점과 예방법을 알려 주는 글이며 우울증의 예방법에 대해서는 나타나 있지 않습니다. 그러므로 이것은 글의 내용과 상관없는 제목입니다.

• **어린이 비만과 예방** : 제시문은 어린이 비만의 문제점과 예방하는 방법을 알려 주는 기사문입니다. 그러므로 알맞은 제목입니다.

• **비만 어린이의 수** : 비만 어린이의 수는 어린이 비만의 심각성을 알려 주기 위해 제시되어 있습니다. 그러나 어린이 비만의 문제점과 예방 방법 등은 담지 못하므로 이것은 부족한 제목입니다.

요목조목 따져보기

1. ① 성인병 ② 식사 조절 ③ 운동 ④ 칭찬과 격려
2. ②

해설

글쓴이는 비만 어린이가 뚱뚱한 외모 때문에 친구들에게 놀림을 당하는 문제점이 생길 수도 있으므로 비만을 예방하는 것이 중요하다고 말하고 있습니다. 뚱뚱한 외모 때문에 놀림 받는 것을 안타까워하는 내용은 나타나 있지 않습니다.

 12회 | 61~64쪽

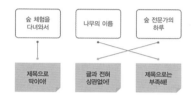글밥지도 그리기

가 ① 자연휴양림
나 ⑤ 민들레(④ 썩은 나무)
다 ④ 썩은 나무(⑤ 민들레)
라 ⑦ 생김새에 따라
마 ⑧ 숲이 잘 지켜지기를 바란다.

● **이 글의 제목은?**

숲 체험을 다녀와서	나무의 이름	숲 전문가의 하루

제목으로 딱이야!	글과 전혀 상관없어!	제목으로는 부족해!

해설

• **숲 체험을 다녀와서** : 제시문은 자연휴양림으로 숲 체험을 가서 직접 체험하고 보고 듣고 느끼고 생각한 것을 쓴 글입니다. 그러므로 이것이 알맞은 제목입니다.

• **나무의 이름** : 제시문에는 숲 체험을 하며 본 여러 가지 나무의 이름이 나와 있습니다. 그러나 이것은 글쓴이가 본 것 중 하나이며 글쓴이가 들은 것, 느낀 것, 직접 체험한 것 등은 담지 못합니다. 그러므로 이것은 부족한 제목입니다.

• **숲 전문가의 하루** : 글쓴이는 숲 전문가를 따라 숲 체험을 하였습니다. 그러나 숲 전문가의 하루에 대해서는 나타나 있지 않습니다. 그러므로 이것은 글의 내용과 상관없는 제목입니다.

요목조목 따져보기

1. • 풀 : 질경이, 민들레
   • 나무 : 생강나무, 국수나무
2. ④

해설

썩은 나무는 죽어 있는 것처럼 보이지만 실제로는 숲에서 중요한 역할을 한다고 하였습니다. 보이지 않는 벌레들과 곰팡이들이 썩은 나무를 먹고 살면서 풀, 나무, 낙엽이 썩는 것을 도와주어 흙을 만든다고 하였습니다. 그러므로 썩은 나무를 뽑아 버리면 안 됩니다.

글밥지도 그리기

㉮ ① 춤추는 소년
㉯ ④ 김홍도
㉰ ⑧ 춤을 추고 있다.
㉱ ③ 팔을 위로 올리고 있다.
㉲ ⑦ 해금

● 이 글의 제목은?

해설
• **화가 김홍도** : 제시문에는 김홍도가 그린 〈춤추는 소년〉에 대하여 나타나 있습니다. 그러나 김홍도에 대한 자세한 설명은 나타나 있지 않으므로 이것은 부족한 제목입니다.
• **〈춤추는 소년〉을 감상하고** : 제시문은 김홍도의 〈춤추는 소년〉을 감상하고 인상 깊게 본 것, 그림을 보고 느낀 점 등을 쓴 글입니다. 그러므로 알맞은 제목입니다.
• **장구 치는 방법** : 제시문에는 장구를 치는 사람의 모습이 나타나 있습니다. 그러나 장구를 치는 방법에 대해서는 나타나 있지 않으므로 이것은 글의 내용과 상관없는 제목입니다.

● 북, 장구, 피리를 연주하는 사람들의 모습은?

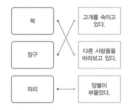

 끄덕끄덕 공감하기

1. 흥겹다.
2. ③

해설
글쓴이가 온몸이 근질근질해진다고 한 까닭은 그림을 보고 흥겨운 느낌이 들었기 때문입니다. 따라서 씻는 것을 싫어하는 아이라고 생각하는 것은 바람직하지 않습니다.

 글밥지도 그리기

㉮ ③ 돈 한 푼
㉯ ① 떡 두 개
㉰ ⑤ 쥐 두 마리
㉱ ⑦ 처자식

● 글쓴이의 마음은?

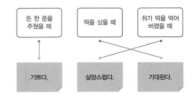

● 누구를 어디서 만났지?

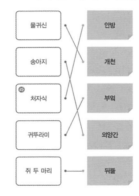

 끄덕끄덕 공감하기

1. [예시]
   운동장, 동생, 마당, 강아지
2. ④

해설
말을 반복하여 사용하면 읽는 재미가 느껴지고, 노래하는 듯한 리듬감이 느껴집니다.

15회 | 73~76쪽

글밥지도 그리기

가 ⑤ 운동회 날
나 ③ 두근거렸다.
다 ① 꼴깍꼴깍 넘어갔다.
라 ⑦ 백팀 선수를 따라잡았다.
마 ④ 기분이 좋았다.

● 이 글의 제목은?

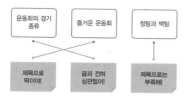

> **해설**
> • **운동회의 경기 종류** : 운동회 날에 있었던 일을 쓴 글이지만 운동회에서 어떤 종류의 경기를 했는지는 나타나 있지 않습니다. 그러므로 글의 내용과 상관없는 제목입니다.
> • **즐거운 운동회** : 제시문에는 운동회 날, 이어달리기에서 우승하여 기뻐하는 마음이 잘 나타나 있습니다. 그러므로 알맞은 제목입니다.
> • **청팀과 백팀** : 운동회 날, 청팀과 백팀이 나누어서 경기를 했지만 이어달리기의 내용이나 기분은 담지 못하므로 부족한 제목입니다.

끄덕끄덕 공감하기

1. [예시]
　　엄마와 놀이동산에 놀러가서 기뻤다.

2. ③

> **해설**
> 글쓴이는 아빠와 달리기 연습을 했고, 덕분에 운동회 날 이어달리기에서 이길 수 있었습니다.

16회 | 77~80쪽

글밥지도 그리기

가 ② 햄스터 보들이
나 ④ 양배추
다 ⑤ 구멍 난 블록
라 ⑥ 쿨쿨 잠을 잔다.
마 ⑦ 활발하게 움직인다.

● 이 글의 제목은?

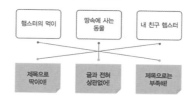

> **해설**
> • **햄스터의 먹이** : 햄스터는 해바라기 씨, 치즈, 양배추 등을 먹는다고 하였습니다. 그러나 이것은 햄스터의 특징, 좋아하는 것, 생활 모습 등은 담지 못하므로 부족한 제목입니다.
> • **땅속에 사는 동물** : 햄스터가 원래 땅속으로 구멍을 파고 들어가 사는 동물이라 구멍을 좋아한다고 제시하였지만, 땅속에 사는 동물에 대해서는 나타나 있지 않습니다. 그러므로 글의 내용과 상관없는 제목입니다.
> • **내 친구 햄스터** : 제시문은 글쓴이가 기르는 애완동물인 햄스터 '보들이'를 소개하는 글이므로 알맞은 제목입니다.

● 햄스터의 특징은?

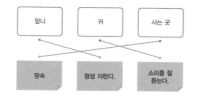

요목조목 따져보기

1. [예시]
　　① 이구아나 ② 날름이

2. ②

> **해설**
> 햄스터는 평생 이가 자라기 때문에 이를 갈 수 있도록 딱딱한 나뭇조각을 넣어 주어야 합니다. 그러지 않으면 이가 너무 길게 자라 먹이를 먹을 수 없게 됩니다.

17회 | 81~84쪽

글밥지도 그리기

㉮ ② 학
㉯ ③ 산속
㉰ ⑧ 할머니
㉱ ⑤ 마음씨가 착하다.

● 이 글의 제목은?

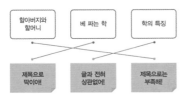

> **해설**
> • **할아버지와 할머니** : 할아버지와 할머니는 이야기의 등장인물입니다. 그러나 중심인물인 학(아가씨)이 드러나 있지 않습니다. 그러므로 이 것은 부족한 제목입니다.
> • **베 짜는 학** : 제시문은 자신을 구해 준 할아버지께 은혜를 갚기 위해 자신의 깃털을 뽑아 베를 짜는 학의 이야기입니다. 그러므로 이것이 알맞은 제목입니다.
> • **학의 특징** : 제시문에는 할아버지가 덫에 걸린 학을 구해 주었다고 하였습니다. 그러나 학의 특징에 대해서는 나타나 있지 않으므로 이 것은 글의 내용과 상관없는 제목입니다.

● 일이 일어난 순서는?

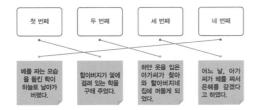

끄덕끄덕 공감하기

1. ① 고맙다 ② 미안하다
2. ③

> **해설**
> 옛이야기는 우리에게 재미와 감동, 그리고 교훈을 주기 때문에 많이 읽 는 것이 좋습니다.

18회 | 85~88쪽

글밥지도 그리기

㉮ ② 지우개
㉯ ③ 승지
㉰ ⑧ 사과 편지
㉱ ⑤ 오늘 점심시간
㉲ ⑦ 혜림

● 재범이의 마음은?

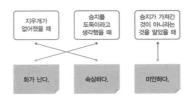

끄덕끄덕 공감하기

1. [예시]
재범아, 사과해 주어서 고마워. 앞으로 더 친하게 지내 자.
2. ①

> **해설**
> 혜림이는 나쁜 마음으로 지우개를 가져간 것이 아닙니다. 잠깐 지우개 를 빌려 쓰려고 했는데 재범이가 승지에게 도둑이라고 말하며 화를 내 는 바람에 말하지 못했던 것입니다. 늦게라도 지우개를 가져간 사람이 자기라는 것을 밝힌 혜림이의 용기를 칭찬해 주어야 합니다.

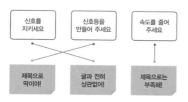 **글밥지도 그리기**

② ③ 신호등
④ ② 구청장님
⑤ ⑤ 학교 앞
⑥ ⑧ 불쑥 튀어나오기 때문에

● 이 글의 제목은?

신호를 지키세요	신호등을 만들어 주세요	속도를 줄여 주세요

제목으로 딱이야!	글과 전혀 상관없어!	제목으로는 부족해!

해설

- **신호를 지키세요** : 제시문은 학교 앞에 신호등이 없어 길을 건널 때 매우 위험하므로 신호등을 만들어 달라고 부탁하는 글입니다. 신호등이 없으므로 신호를 지킬 수가 없으므로 글의 내용과 상관없는 제목입니다.
- **신호등을 만들어 주세요** : 제시문은 학교 앞에 신호등이 없어 길을 건널 때 매우 위험하므로 신호등을 만들어 달라고 구청장님께 부탁하는 글입니다. 부탁하는 글에서는 주로 부탁하는 내용(의견이나 주장)을 제목으로 사용합니다. 그러므로 알맞은 제목입니다.
- **속도를 줄여 주세요** : 제시문에서 운전자들이 학교 앞에서 속도를 줄이지 않아 어린이들에게 위험하다고 하였습니다. 그러나 운전자들이 위험한 상황은 담고 있지 못하므로 부족한 제목입니다.

 요목조목 따져보기

1. ①
2. ④

해설

글쓴이는 차가 오는지 잘 확인하지 않고 건넌 1학년 아이도 잘못이지만 학교 앞인데도 속도를 줄이지 않은 운전자도 잘못이라고 하였습니다. 그러므로 교통사고가 난 것은 운전자와 1학년 아이 모두의 잘못입니다.

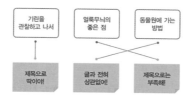 **글밥지도 그리기**

② ① 기린
④ ② 동물원
⑤ ④ 매우 길다.
⑥ ⑤ 얼룩무늬
⑨ ⑧ 검은색

● 이 글의 제목은?

기린을 관찰하고 나서	얼룩무늬의 좋은 점	동물원에 가는 방법

제목으로 딱이야!	글과 전혀 상관없어!	제목으로는 부족해!

해설

- **기린을 관찰하고 나서** : 제시문은 동물원에서 기린을 직접 보고 기린의 모습을 관찰하고 쓴 관찰문입니다. 그러므로 이것은 알맞은 제목입니다.
- **얼룩무늬의 좋은 점** : 제시문에는 멀리서 기린을 보면 얼룩무늬가 어른거려 적이 알아채지 못한다고 나타나 있습니다. 그러나 기린의 얼굴, 몸 등의 특징은 담지 못하므로 이것은 부족한 제목입니다.
- **동물원에 가는 방법** : 제시문에서는 동물원에서 기린을 보았다고 나타나 있습니다. 그러나 동물원에 가는 방법은 나타나 있지 않으므로 이것은 글의 내용과 상관없는 제목입니다.

 요목조목 따져보기

1. • 좋은 점 : 멀리 볼 수 있다.
   높은 곳에 달린 잎을 따 먹을 수 있다.
   • 나쁜 점 : 앉았다 일어나기 힘들다.
   다리를 벌리고 물을 먹어야 한다.

2. ③

해설

기린의 얼룩무늬는 기린이 적의 눈에 잘 띄지 않도록 보호해 줍니다. 멀리서 기린을 보면 얼룩무늬가 어른거려 적이 알아채지 못하기 때문입니다.

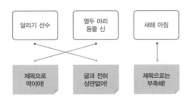 **글밥지도 그리기**

㉮ ② 열두 마리 동물 신
㉯ ③ 새해 아침
㉰ ④ 열심히 노력한다.
㉱ ⑤ 약삭빠르다.
㉲ ⑥ 쥐
㉳ ⑧ 돼지

● **이 글의 제목은?**

달리기 선수	열두 마리 동물 신	새해 아침

제목으로 딱이야!	글과 전혀 상관없어!	제목으로는 부족해!

> **해설**
> • **달리기 선수** : 새해 아침, 하늘나라 문에 먼저 도착하기 위해 동물들이 열심히 달리기 연습을 하였습니다. 그러나 달리기 선수에 대한 이야기는 나타나 있지 않으므로 이것은 글의 내용과 상관없는 제목입니다.
> • **열두 마리 동물 신** : 제시문은 하늘나라에 열두 마리의 동물 신이 탄생한 과정에 얽힌 이야기를 보여 주는 글입니다. 그러므로 이것은 알맞은 제목입니다.
> • **새해 아침** : 제시문은 새해 아침, 하늘나라 문에 도착한 순서대로 동물 신을 만들어 주었다는 이야기 글입니다. 그러나 새해 아침이 되기 전에 일어난 일은 담지 못하므로 부족한 제목입니다.

 끄덕끄덕 공감하기

1. [예시]
• 소에게 해 주고 싶은 말 : 소야, 쥐 때문에 2등을 해서 억울하지? 그래도 너의 성실한 모습이 보기 좋았어.
• 쥐에게 해 주고 싶은 말 : 쥐야, 소의 등을 타고 와서 1등을 차지한 건 비겁한 것 같아. 소에게 사과했으면 좋겠어.

2. ③

> **해설**
> 동물 신이 열두 마리이므로, 12년에 한 번씩 같은 띠가 돌아옵니다. 흔히 말하는 '띠동갑'은 띠가 같은 사람을 말하며 열두 살 차이가 납니다.

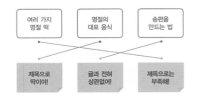 **글밥지도 그리기**

㉮ ⑤ 명절에 먹는 음식
㉯ ④ 땅콩
㉰ ③ 오곡밥
㉱ ⑦ 수리취떡
㉲ ⑧ 송편

● **이 글의 제목은?**

여러 가지 명절 떡	명절의 대표 음식	송편을 만드는 법

제목으로 딱이야!	글과 전혀 상관없어!	제목으로는 부족해!

> **해설**
> • **여러 가지 명절 떡** : 제시문에는 가래떡, 수리취떡, 송편 등 명절에 먹는 여러 가지 떡에 대하여 나타나 있습니다. 그러나 부럼, 오곡밥 등 떡 이외의 음식에 대한 내용은 담지 못하므로 이것은 부족한 제목입니다.
> • **명절의 대표 음식** : 제시문은 설날, 정월 대보름, 단오, 추석 등 여러 가지 명절과 그때 먹는 대표 음식에 대하여 설명하고 있습니다. 그러므로 이것은 알맞은 제목입니다.
> • **송편을 만드는 법** : 제시문에는 추석에 송편을 먹는다고 나타나 있습니다. 그러나 송편을 어떻게 만드는지에 대한 자세한 방법은 나타나 있지 않습니다. 그러므로 이것은 글의 내용과 상관없는 제목입니다.

 요목조목 따져보기

1. ① 부럼 ② 떡국 ③ 수리취떡
2. ②

> **해설**
> 오곡밥은 다섯 가지 곡식을 섞어 지은 밥입니다. 오곡밥을 먹을 때에는 아홉 가지 나물과 함께 먹습니다.

글밥지도 그리기

가 ① 경상도 여행
나 ④ 지난달
다 ⑤ 곶감 말리는 모습
라 ⑦ 군함
마 ⑧ 대게

● 이 글의 제목은?

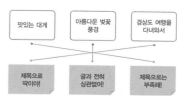

해설

- **맛있는 대게** : 글쓴이는 영덕에서 대게를 맛있게 먹었다고 하였습니다. 그러나 상주, 통영, 진해에서 보고 느낀 것은 담지 못하므로 이것은 부족한 제목입니다.
- **아름다운 벚꽃 풍경** : 글쓴이는 진해가 벚꽃으로 유명한 곳이라고 하였습니다. 그러나 벚꽃을 보지 못해 아쉽다고 한 것으로 보아 벚꽃이 피지 않았음을 알 수 있습니다. 그러므로 이것은 글의 내용과 상관없는 제목입니다.
- **경상도 여행을 다녀와서** : 제시문은 경상도의 여러 도시를 여행하면서 보고 듣고 느낀 것을 쓴 기행문입니다. 그러므로 알맞은 제목입니다.

● 여행한 순서는?

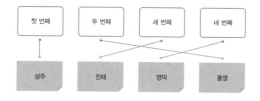

끄덕끄덕 공감하기

1. [예시]
   진해, 멋진 군함을 직접 보고 싶기 때문에
2. ④

해설

글쓴이는 진해는 아름다운 벚꽃으로 유명한 곳이지만 벚꽃이 피는 것을 보지 못해 아쉽다고 하였습니다. 글쓴이가 진해를 방문했을 때에는 벚꽃이 피는 시기가 아니므로 벚꽃을 보지 못했음을 알 수 있습니다.

글밥지도 그리기

가 ① 시간
나 ② 시간을 아껴 쓰자.
다 ④ 게임하기
라 ⑤ 저축할 수 없으므로
마 ⑧ 생활 계획표 세우기

● 이 글의 제목은?

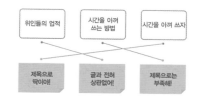

해설

- **위인들의 업적** : 글쓴이는 위인들은 모두 시간을 아껴 쓰고 계획적으로 쓴 사람들이라고 하였습니다. 그러나 위인들의 업적에 대해서는 설명하지 않았습니다. 그러므로 이것은 글의 내용과 상관없는 제목입니다.
- **시간을 아껴 쓰는 방법** : 글쓴이는 하루 동안 해야 할 일을 생활 계획표로 짜고, 매일매일 실천하면 시간을 아껴 쓸 수 있다고 하였습니다. 그러나 글쓴이의 의견과 시간을 왜 절약해야 하는지는 담지 못하므로 이것은 부족한 제목입니다.
- **시간을 아껴 쓰자** : 글쓴이는 시간을 절약하자는 의견을 내세우며 시간을 절약해야 하는 까닭과 시간을 절약하는 방법을 말하고 있습니다. 주장하는 글은 대부분 글쓴이의 주장을 제목으로 씁니다. 그러므로 이것은 알맞은 제목입니다.

요목조목 따져보기

1. ②, ③
2. ②

해설

글쓴이는 너무 무리하게 계획을 세우면 지키지 못할 수도 있으므로 실천할 수 있도록 계획을 짜야 한다고 하였습니다. 아침부터 저녁까지 공부만 하겠다는 것은 지킬 수 없는 계획이므로 알맞지 않습니다.

글밥지도 그리기

가 ① 잠
나 ③ 기억이 사라지는 것을 막는다.
다 ④ 10~11시간
라 ⑥ 키가 제대로 자라지 않는다.
마 ⑦ 방 안을 어둡게 하기

● 이 글의 제목은?

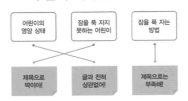

해설
• **어린이의 영양 상태** : 글쓴이는 요즘 좋지 않은 생활 습관으로 인해 잠을 푹 자지 못하는 어린이들이 늘고 있다고 하였습니다. 그러나 어린이의 영양 상태가 어떤지는 설명하지 않았습니다. 그러므로 이것은 글의 내용과 상관없는 제목입니다.
• **잠을 푹 자지 못하는 어린이** : 글쓴이는 잠을 자야 하는 까닭, 잠을 잘 자는 방법 등에 대하여 알려 주고 있습니다. 그러므로 이것은 알맞은 제목입니다.
• **잠을 푹 자는 방법** : 글쓴이는 정해진 시간에 잠자리에 들고, 방 안을 어둡게 하고, 자기 전에 게임을 하지 않아야 잠을 푹 잘 수 있다고 하였습니다. 그러나 잠을 푹 자지 못하는 상황과 잠을 자야 하는 까닭 등은 담지 못하므로 부족한 제목입니다.

 요목조목 따져보기

1. ① 10~11시간
② 신경질적인
③ 정해진 시간
④ 어둡게
2. ①

해설
글쓴이는 요즘은 과거에 비해 어린이들의 영양 상태는 좋아졌지만, 좋지 않은 생활 습관으로 인해 잠을 푹 자지 못하는 어린이들이 늘고 있다고 하였습니다. 즉, 잠을 푹 자지 못하는 어린이는 과거보다 현재가 더 많습니다.

 글밥지도 그리기

가 ② 거미 박물관
나 ③ 어제
다 ④ 친구의 말을 들어서
라 ⑥ 거미 표본실
마 ⑧ 거미의 눈, 이빨, 더듬이

● 이 글의 제목은?

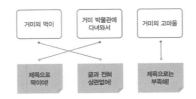

해설
• **거미의 먹이** : 글쓴이는 거미 한 마리가 1년 동안 약 30만 마리나 되는 해로운 벌레를 잡아먹는다고 하였습니다. 그러나 거미의 먹이에 대해서는 자세하게 설명하지 않았으므로 이것은 글의 내용과 상관없는 제목입니다.
• **거미 박물관에 다녀와서** : 제시문은 글쓴이가 거미 박물관에 직접 가서 보고 듣고 느낀 점을 쓴 견학 기록문입니다. 그러므로 알맞은 제목입니다.
• **거미의 고마움** : 글쓴이는 거미가 사람들에게 많은 도움을 준다는 것을 알고 거미가 고맙게 느껴진다고 하였습니다. 그러나 박물관에서 보고 들은 것은 담지 못하므로 이것은 부족한 제목입니다.

● 견학한 순서는?

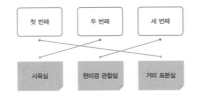

 요목조목 따져보기

1. ⑤
2. ②

해설
글쓴이는 징그럽고 지저분할 줄로만 알았던 거미가 해로운 벌레를 잡아먹는 등 사람들에게 많은 도움을 준다는 것을 알고 거미가 고맙게 느껴진다고 하였습니다.

27회 | 121~124쪽

 글밥지도 그리기

⑦ ① 연극 〈피터 팬〉
⑪ ③ 토요일 오후
⑮ ⑦ 대극장
⑲ ④ 신 나고 힘이 넘쳤다.
⑳ ⑧ 앙증맞고 귀엽다.

● **이 글의 제목은?**

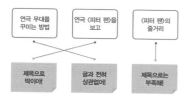

> **해설**
> • **연극 무대를 꾸미는 방법** : 글쓴이는 연극을 보는 내내 신비롭고 환상적인 무대에 감탄이 절로 나왔다고 하였습니다. 그러나 연극 무대를 꾸미는 법은 설명하지 않았으므로 글의 내용과 상관없는 제목입니다.
> • **연극 〈피터 팬〉을 보고** : 제시문은 연극 〈피터 팬〉을 보고 생각하고 느낀 점을 쓴 감상문입니다. 그러므로 이것은 알맞은 제목입니다.
> • **〈피터 팬〉의 줄거리** : 글쓴이는 연극 〈피터 팬〉의 줄거리를 간단하게 소개하였습니다. 그러나 연극을 보면서 글쓴이가 느낀 감동은 담지 못하므로 이것은 부족한 제목입니다.

● **연극의 줄거리는?**

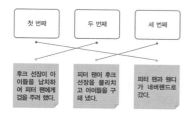

 끄덕끄덕 공감하기

1. ① 친절하다. ② 심술궂다. ③ 용감하다.
2. ④

> **해설**
> 똑같은 이야기라도 책을 읽을 때와 영화나 연극으로 감상할 때의 느낌과 감동은 다릅니다.

28회 | 125~128쪽

 글밥지도 그리기

⑦ ② 잠자는 모습
⑪ ③ 매끌매끌
⑮ ⑤ 나무
⑲ ⑥ 쥐
⑳ ⑦ 엄마 품

 끄덕끄덕 공감하기

1. [예시]
둥지, 담 구멍, 개구리, 풀숲
2. ②

> **해설**
> 제시문은 어린아이를 재울 때 부르던 전래 동요로, 아기를 사랑하는 엄마의 마음이 잘 나타나 있습니다. 동물과 사람이 어디에서 자는지 차이점을 설명하는 글은 아닙니다.

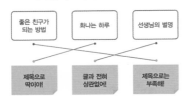 **글밥지도 그리기**

가 ② 쉬는 시간　　**나** ③ 승우
다 ⑤ 단춧구멍　　**라** ⑥ 벌을 받아서
마 ⑧ 서로 돕기

● **이 글의 제목은?**

좋은 친구가 되는 방법	화나는 하루	선생님의 별명
제목으로 딱이야!	글과 전혀 상관없어!	제목으로는 부족해!

해설
- **좋은 친구가 되는 방법** : 선생님은 친구가 싫어하는 별명은 부르지 말고, 친구가 잘하는 것은 칭찬해 주고, 어려운 일이 있으면 서로 돕는 좋은 친구가 되라고 하였습니다. 그러나 이것은 글쓴이에게 어떤 일이 일어났는지 나타나지 않으므로 부족한 제목입니다.
- **화나는 하루** : 제시문은 하루 중 인상 깊었던 일을 쓴 일기입니다. 글쓴이는 승우 때문에 벌을 받아서 속상하고 화나는 하루였다고 하였습니다. 그러므로 이것이 알맞은 제목입니다.
- **선생님의 별명** : 제시문에는 글쓴이와 승우의 별명이 나타나 있습니다. 그러나 선생님의 별명은 나타나 있지 않으므로 이것은 글의 내용과 상관없는 제목입니다.

● **사건의 순서는?**

첫 번째	두 번째	세 번째
승우가 '오겹살, 꿀꿀돼지' 라며 놀렸다.	선생님께 혼이 나고 벌을 섰다.	별명 때문에 승우와 싸웠다.

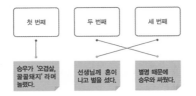 **끄덕끄덕 공감하기**

1. [예시]
호빵맨, 얼굴이 호빵처럼 둥글고 통통하기 때문에
2. ②

해설
글쓴이는 '오겹살', '꿀꿀 돼지' 등 자신이 싫어하는 별명을 승우가 불렀기 때문에 승우와 싸우게 되었습니다. 별명은 듣기 좋은 것도 있지만 기분 나쁜 것도 있으므로, 친구가 싫어하는 별명은 부르지 않는 것이 좋습니다.

 글밥지도 그리기

가 ② 칭찬
나 ④ 엄마
다 ③ 대회
라 ⑤ 아빠
마 ⑧ 자리를 양보해 드렸다.

● **대회가 언제 누구에게 착한 일을 했지?**

지난주	그저께	오늘
아빠	할아버지	엄마

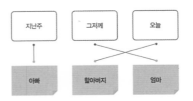 **끄덕끄덕 공감하기**

1. ① 대견스러운 ② 뿌듯한
2. ③

해설
편지에서 하고 싶은 말을 쓴 부분에 대희를 칭찬하는 까닭이 잘 나타나 있습니다. 엄마는 대희가 아빠의 세차를 도운 것, 엄마의 심부름을 하고 어깨를 주물러 준 것, 버스에서 할아버지께 자리를 양보한 것 등 자세한 예를 들어 대희를 칭찬하고 있습니다.